早花まこ

すみれの花、また咲く頃

タカラジェンヌのセカンドキャリア

新潮社

はじめに　私、元タカラジェンヌ見習いです

宝塚を目指すという将来の夢は、極めて限定的だ。「ミュージカルや演劇をやる人になりたい」という夢ならば、様々な条件や経歴が達成に繋がる。だが、「宝塚の舞台に立ちたい」場合、その舞台に続く道はただ一本であり、それ以外のコースでタカラジェンヌになることはありえない。

宝塚歌劇団は、創設から100年以上の歴史を持つ劇団である。生徒と呼ばれる劇団員は未婚女性のみで約400名、女性が男性を演じる男役と娘役とに分かれていて、特に男役スターは多くのファンを持つ。

宝塚を目指す人は、宝塚音楽学校の受験に自らの全てを懸けて挑むものだ。宝塚歌劇団に入団できるのはこの学校の卒業生だけなので、全国から志望者が集まる。

応募資格は15歳（中学3年生）から18歳（高校3年生）までの女性。募集要項にある「容姿端麗」という条件が、受験生の心を大いに不安にさせる。

よく知られているように、宝塚音楽学校の入学試験はかなりの難関だ。3月の合格発表の様

子は毎年ニュースで報道され、季節の風物詩ともなっている。合格倍率は、平均して約23倍。私自身そんな「狭き門」を潜り抜けたわけだが、小柄で不器量な上、飛びぬけた特技がない私のような凡人の合格は、とにかく運が良かったという一言に尽きると自分では思っている。

宝塚受験とは確立されたひとつのジャンルであり、受験生とその家族にとってのビッグイベントなのだ。

2020年3月、私は宝塚歌劇団を卒業して、元タカラジェンヌとなった。

2002年に入団してすぐ雪組に配属され、18年間宝塚の舞台に立った私も、はじめの一歩は宝塚受験だった。

まれに「記念受験のつもりが受かってしまった」「宝塚を一度も観たことがなかったけれど、周囲のすすめでなんとなく受験したら合格した」という人もいる。だが受験生のほとんどは睡眠時間を削ってレッスンに励み、遠方までバレエや声楽の教室に通い、血のにじむような努力を重ねる。

そして見事合格を勝ち取っても喜ぶ暇はなく、厳しい学校生活が始まる。2年間で礼儀作法を学び、歌、ダンス、演劇に加えて日本舞踊やタップダンスまで、舞台で必要な技術を身につける。もちろん、その2年の間には何度も試験があるので、同期内の成績順位争いも大変熾烈なものだ。

そんな宝塚歌劇団を卒業するまでの18年間、私は実に様々な人と出会った。

はじめに

ひとつの舞台には、多くの関係者が存在する。出演者の皆さん、演出家の先生、スタッフさん、劇場職員、それに報道の方など。おそらく、いまだに私が知らない職種の方も多く関わっているだろう。

例えば、一口に舞台スタッフさんといってもその部署は色々だ。大道具、小道具、音響、照明、衣装係。舞台で使う靴だけを製作する方々もいる。

舞台に関わる沢山の人たち、その中でも歌劇団の生徒は皆とびきり個性的であった。「ただものではない」という言葉がピタリと当てはまるような猛者《もさ》ばかり、非常にバラエティーに富んでいた。

豪快な失敗談が伝説のように語り継がれている方。24時間お稽古場にいるのでは？と思われていたほど練習熱心だった方。舞台でもファンの前でも普段の生活でも男役のスタイルを崩さなかった方……。

時には舞台について何かと考え、思い悩むこともある。劇団以外の人の客観的な意見を取り入れるのは大切だが、やはり宝塚の先輩に教えてもらうしかない、という類のことも多かった。宝塚は、女性が男性を演じることだけでもそうだが、受け継がれてきた伝統美や形式美がその根底にある。だからこそ、他の演劇やエンターテインメントの常識だけではうまくいかないこともあった。ペアダンスの組み方、衣装の着こなし、時には役の心情まで……悩みを抱えている時、宝塚の生徒ほど頼れる「アドバイザー」はいないのだ。

上級生になってからも、下級生から教えられ、意見をもらうことは多かった。そうして私は、実に沢山の生徒から多くの事柄を学ばせてもらった。

前述した厳しい入学試験を突破し、日夜闘い続ける劇団での日々。10代で親元を離れ、青春のすべてを宝塚の舞台に捧げる――。特殊かつ過酷な環境の中で生き抜く彼女たちは、強靭な精神力を養っていく。だからこそ、その言動や信念には芯があった。

それはトップスターをはじめ、スターと呼ばれる立場にいる人たちに限らない。

花・月・雪・星・宙《そら》組の5組それぞれに約80人の生徒が所属しているのだが、そのうちの10人にも満たない一握りの人のみが「スター」で、その他大勢は「スターではない人たち」になる。

そんな彼女たちが口にする「主役でなくても良い」「舞台の脇を締める存在でいたい」「群舞で踊ることは最高に楽しい」といった言葉を、スターになれなかった者の負け惜しみと言う人もいるだろう。スターになることを「勝ち」と表現するならば、それは負け犬の遠吠えだ。そう思われても構わない。

けれど違う。私自身も脇役に過ぎなかったから、確信をもって言える。

宝塚音楽学校時代からお芝居が好きだった私は、通行人でも市民の1人でも、宝塚の舞台で役を演じていることが楽しくて仕方がなかった。スターさんを羨ましがる暇もないほど、「その他大勢」にはお稽古することがたくさんあった。

とあるお芝居のパーティーの場面で、お客さん役の男役がグラスを落としてしまった。お芝居が終わった後、近くの上級生に謝りに行った彼女は、真ん中にいた主役に謝らなかったことを叱られた。

「脇役は、スターさんを敬いなさい」ということではない。グラスの落ちた音が誰かのお芝居の邪魔になっていなかったか、考えるべきだったのだ。

些細な物音が、その場面の雰囲気を壊してしまうことがある。台詞や役名のない人物でもお芝居を作る役者としての意識を持つように、という注意であった。


もちろん、スターになれない自分への葛藤は誰にだってあるだろう。新たな可能性を求めて、入団早々にやめていく人もいる。けれど、その葛藤にそれぞれが立ち止まり、迷った先に自分にしかないやりがいを見つけて独自の芸風を確立していくのも、宝塚の面白いところだ。

タカラジェンヌに必要とされる能力のひとつに、自己プロデュース力がある。

宝塚では、舞台化粧も髪型のセットも、毎公演、生徒が各自で行う。

例えば男役さんは髪質や頭の形に合わせて、最も美しいリーゼントを作る技術を研究するし、娘役は1回の公演でいくつものアクセサリーを用意し、時には手作りする。舞台化粧は、自分の欠点（と思う部分）をカバーする技がちりばめられ、とことんコンプレックスと向き合い続ける。

このように1人のタカラジェンヌとして芸名を掲げ、自分自身を表現していくのが生徒の仕事だ。その上でひとつの歯車となり公演に参加するのだが、こんなにも個性的な人物が集まっても劇団や組としてまとまることが出来るのは、何故か。

それは、誰もが自分の意志でここにいるから。そして、「宝塚の幕を開ける」という揺るぎない目標が間違いなく一致しているからだ。

その思いにズレが生じたり、真剣であるがゆえにぶつかり合うこともある。しかし、上級生から下級生まで全員が苦労を積んで辿り着いた舞台の初日。ライバルとともに何ヶ月間も全力を注ぎ込んだ公演の千秋楽。ここにいる誰が欠けてもこの日は来なかったのだという実感が、心の底からこみ上げる。そんな瞬間が、在団中には何度もあった。


ひとつの舞台を仕上げるまでには沢山の困難があり、その作品によってぶち当たる課題も様々だ。ベテランの上級生だって、未知の難問に挑むこともある。

入団15年目に出会った作品「ドン・ジュアン」では、出演者全員がフラメンコに挑戦した。これまでもフラメンコの振付を受けたことはあったが、本格的に踊るのはほとんど初めて。振付師は、それまで宝塚とは関わりのない方だった。つまり、「この人はダンスが得意なスター」「この人は下級生だからできなくて当然」など、全く通用しなかった。

厳しい練習でくたくたになり、先生に叱られる毎日。気づけば全員で朝も夜も集まり、ひたすらお稽古をしていた。足が痛くてステップが踏めなくなった時には、床に寝転んで練習した。上級生も下級生も、分け隔てなかった。苦しいお稽古が、むしろ楽しかった。

劇団の廊下に寝転がって足を動かし続ける雪組生は、他の組の人たちにとってとてつもなく邪魔かつ不気味な存在であった。だが劇団ではたまにこのような奇異な練習をする生徒たちが現れるので、日常の一コマとして受け入れられていた。

生徒は全員ライバル同士。だが、一致団結した時のパワーはものすごく熱いのだ。そうして作り上げた舞台に立つ生徒は、スターでも脇役でも同じように輝きを放っていた。

誰もが羨む立場にいるスターさんだって、他人には打ち明けられない苦しみを抱えていることもある。宝塚の生徒とは、立場や役柄など関係なしに、自分と向き合い孤独な闘いを続ける人たちなのだ。

その闘いの最中《さなか》でも、仲間と面白いことを企てたり、子どものような悪戯に真剣に取り組んで叱られたり、常に笑いが絶えない仕事場。忙しいほど、困難な状況にあるほど、宝塚の生徒は笑うことを忘れない。

宝塚を卒業することが決まった私は、その頃、何人もの元タカラジェンヌの方々にこんな質問をしていた。

「退団の心構えを教えてください」

先輩方からの答えは実に様々で、本当に沢山の「生きるための極意」を教えてくださった。お話を伺うたびに書きとめていたノートを何度も読み返すうちに、私は思った。現役生徒にはない広い視野、築き上げた感性と磨かれた着眼点。もっと、もっと、沢山の卒業生の皆さんからお話を聴きたい。

宝塚という世界で生き抜いた人たち。めまぐるしいスケジュールの中、孤独や嫉妬と向き合い続ける「タカラジェンヌ」を仕事としながら、現実の中で観客に夢を見せ続けたその精神、技術、器の大きさは計り知れない。

かつて舞台に懸けた思い、これまでの歩み、自分と他者との向き合い方。卒業した方々が、宝塚で培ったものとは何か。

元タカラジェンヌ見習いである私の、これからの道筋を照らし、叱りつけ、笑い飛ばしてくれる、そんな言葉をもっと聴きたい。

宝塚を卒業した私を待っているのは、どんな現実なのだろう。

18年もひとつのことにだけ目を向けていた、正統派「井の中の蛙《かわず》」である。

不安でいっぱいのこの世間知らずには、挑戦を続ける元タカラジェンヌの先輩方の頼もしい背中が、光り輝いて見えるのだ。

すみれの花、また咲く頃

タカラジェンヌのセカンドキャリア

目次

本扉イラスト　はるな檸檬

写真　新潮社写真部・青木登（P15、37、87、111、133、161、217）
新潮社写真部・菅野健児（P65）
編集部（P187）
撮影協力　国際医療福祉大学（P87）

すみれの花、また咲く頃

タカラジェンヌのセカンドキャリア

早霧せいな

［俳優］

「元宝塚」の肩書から逃げない

宝塚を卒業した後に始まる第二の人生を、私は「余生」としか思えなかった。10代の頃からの夢を18年間も満喫した後、やるべきことなど何も残っていない。

全く同感だったと、その方は笑った。

「大丈夫。そのうち余生なんて言っていられないくらい、やりたいことができるから」

私もそうだったよと笑顔で語るのは、早霧《さぎり》せいなさん。２０１４年から２０１７年まで、雪組のトップスターをつとめた男役だ。

万年脇役だった私でさえ「余生」だと思うのだから、組の顔であり、常に主役を演じる男役トップスターに昇り詰めた人は、どれほど命を燃焼させてしまったのだろうか。

宝塚の生徒は皆、１年を通して多忙な生活を送っている。お稽古期間中は朝から深夜まで稽古場に缶詰になることが多く、公演中は休憩時間も準備や片付けに追われる。トップスターともなれば、取材や撮影など公演以外の仕事もたくさん抱え、まさに激務の日々。休日も、身体のケアやレッスンで分刻みのスケジュールをこなす。

宝塚大劇場前の満開の桜を見ても、「あー咲いてるな、としか思わなかったよね」と淡々と当時を振り返る早霧さん。「桜が綺麗だ」と心が動くだけの余裕は、在団中ずっとなかった。

革命児、現る

早霧せいなさん。愛称は、「ちぎさん」。87期生として2001年の宙組公演「ベルサイユのばら 2001」で初舞台を踏み、そのまま宙組に配属された。身長168センチメートルで華奢な体型の早霧さんは男役としては小柄だったが、それを感じさせないパワフルなダンスと繊細な演技力で注目され、2006年に「NEVER SAY GOODBYE」で新人公演初主演を果たす。

新人公演とは、通常の本公演と同じ作品を入団7年目までの生徒たちだけで演じるもので、本公演期間中、宝塚と東京で1度ずつ上演される。その新人公演で主役を演じるのは、スターへの登竜門。早霧さんは次の公演でもう一度そのチャンスを掴み、劇団内でもファンの間でも存在感を増していった。

そして、2009年に雪組へ組替えとなる。

組替えとは一般企業における「異動」と同じで、所属する環境がまったく新しくなる。私たち雪組生の前に現れた早霧さんは、宙組と異なる雰囲気や習慣に気後れすることなく、積極的に個性を打ち出す舞台スタイルを貫いた。

たとえばとあるショーの一場面。男役は「きっちりした髪型で統一」という決まりがあった。でも早霧さんは、「振付や衣装に合わせて、それぞれがもっと自由にして良いのでは？」と提案し、議論の末に受け入れられた。

窮屈に感じる状況でも果敢に自分の意見を主張する姿はとても格好良く、組の若者を大いに奮起させた。

「あの時は珍しく、革命の炎が燃えていた」

後輩の面倒を見ることは大切だが、それがただの制約になってしまうと、下級生は自分で考える力を失くしてしまう。早霧さんは常々、そう考えていた。

「自由な個性を見せることでお客様を楽しませたいという気持ちに、革命の炎が加わってしまったんだね」

退団してから数年が経つ今、懐かしそうにそう話す。雪組で「パッションの早霧」の異名を轟かせた彼女の、情熱あふれる生一本《きいっぽん》な心意気。それは、生まれもっての性格なのだろうか。

「いや〜、そんなことないと思うんだけど。なんでこうなったかは……謎」


長崎県佐世保市出身の早霧さんは、穏やかでおおらかな父と、礼儀やマナーをしっかり教えてくれる母のもとで、妹、弟とともに育った。山々に囲まれた自然豊かな環境でソフトボールに打ち込んだ「いたって普通の学生時代」は、宝塚や芸能の世界とは遠いものだった。

「いつも見守ってくれた両親には、大人になって改めて感謝しています」

家族のことを尋ねると、少し照れて、ややかしこまる。

在団中に一度だけ母に弱音を吐いた時、ただそっと寄り添ってくれたことは忘れられない。

故郷から遠く離れ、厳しい芸の世界で１人闘う早霧さんを気遣うことはしても、あれこれと口出しせず支え続けた家族。早霧さんの舞台姿をいつも一番楽しみに、はるばる観劇に来てくれたのも両親だった。

ご自身の著書『夢のつかみ方、挑戦し続ける力　元宝塚トップスターが伝える』に、14歳の時に10年後の自分へ書いた手紙が紹介されている。そこには宝塚のトップスターになりたいという夢と、驚くべきことに、宝塚に入ったとしても卒業後に仕事があるかどうかの不安までが切実に綴られていた。

将来への希望と不安に揺れる14歳の早霧さんは、手紙の最後に「途中で諦め宝塚以外のことをしているのなら、それを一生後悔すると思いますよ」と、10年後の自分を脅すような言葉で、夢への強い思いを自分自身に誓うのだ。

星との約束

高校の部活帰り。夜道を歩きながら、彼女は星に願いを懸けた。

「宝塚に受かれば、どんなことでもがんばります。だから、どうか私を合格させてください」

不安以上に憧れた未来、ただひとつ心に決めた夢を実現させるため、早霧さんはレッスンに励んだ。高校1、2年時に宝塚を受験し、「2度の不合格」という挫折にも負けなかった。燃えたぎる青春全力少女の熱意を、星も応援していたことだろう。

3度目の正直となったのは、高校3年生の時。宝塚音楽学校を受験できる最後の機会に見事合格したのだ。しかも早霧さんは併行して挑んでいた大学受験にも合格したという。若者が目標に向から根性は絶大とはいえ、早霧さんの底力には人並み外れたものがある。

喜びも束の間、厳しい上下関係とレッスンに明け暮れる2年間の学校生活が始まる。ダンス、芝居、歌。周りは自分よりも圧倒的に上手い子ばかりだったが、ここでも彼女はへこたれない。どんなことでもがんばると、星に約束したではないか……！

並の人ならば「星さん、ありがとう」で終わる美談だが、早霧さんは恩を決して忘れない少女だった。

思えば、早霧さんは「大笑いしたことは覚えているが、なぜ可笑しかったかは思い出せない」タイプであった。どうしても思い出せず、他人から笑いの原因である自分の失敗を聞かされ、もう一度笑うこともしばしば。でも、人生において大切なことは、それがどんな些細な出来事でも忘れなかった。

子どもの頃から積み重ねた宝塚への熱意も彼女の中で消えることはなく、入団から17年間ずっと早霧さんを突き動かしたのだった。

お稽古場でも舞台でも、彼女は常に体当たりの演技をする役者だった。お稽古が始まるとすぐに様々なアイディアを取り入れるその発想力と表現力は、生徒たちからだけでなく演出家からも注目された。だが、2番手スターとなってからは思い悩むことが多かったという。

「私には高い身長がない、男役らしい強い声もない。それなのに、自分が願う以上の立場と役柄をもらっている。でも、実力が追いつかない……。周りからもそう思われていると分かっていた」

こんなふうに本音を包み隠さず話せるのは、彼女が自分のコンプレックスととことん向き合い、なんとか克服しようと足掻《あが》いてきたからかもしれない。

沢山の競争相手に囲まれた環境で、早霧さんは常に他人と自分を比べることが癖になっていた。人との比較をやめようとしても、今度は過去の自分と比べてしまう。「他人のことは気にしません」と格好つけることもできるが、彼女はそうしなかった。

宝塚では、必然的に自分自身と向き合わざるを得ない。舞台化粧も髪型のセットも、舞台でつけるアクセサリーを用意するのも、全て自分。熱心に研究すればするほど、自分の欠点を思い知ることになる。私もそうだったように、嫌な部分からはなるべく目を逸らしたいものだ。だから、「格好悪い自分」を正面から見つめるには、相当の覚悟が必要だっただろう。その潔さに、早霧さんの実直な人柄を感じる。

さらに、早霧さんが自分自身を否定してしまった原因は、それだけではなかった。

お稽古場や楽屋でよく見かけたのが、ファンレターを読む姿。どんなに忙しくてもすべての手紙に目を通し、あたたかいメッセージに元気をもらう一方で、心ない言葉に胸を痛めることも多かった。悪意のある文章、その文字の力は強大で、受け取る人の心を深く傷つける。

しかし、それでもいつの頃からか、気持ちを切り替えることを心掛けるようになった。批判はしっかり受け止めるが、とらわれてばかりはいられない。

「自分を嫌う人の心を変えることはできない。私にできることはただひとつ。いつも精一杯の気持ちで舞台をつとめよう」

耐えがたいほど厳しい批判にさらされても、彼女の心は強かった。自分の弱さを自覚して向き合おうとする気持ちが、彼女に前を向かせた。弱さを武器に変えられたことで、舞台での表現にも深みが増し、公演を重ねるごとに洗練されていった。その決意は、観る人の心に確かに響いたのだろう。だんだんと誹謗中傷の手紙は減り、名実ともにスターとして充実した頃。

早霧さんはついに雪組トップスターに就任した。

トップスターの仕事って？

「1ミリも手を抜かなかった」

「常に100％のパッションで、本気で挑んだ」

「いつも、最善を尽くした」

自らの仕事や責務に対してこう断言できる人が、いったいどれほどいるだろうか。早霧さんのこの言葉は、同じ舞台の端から見ていた者として疑う余地がなく、そのエネルギーは客席にも伝わっていたと感じるところだ。

雪組トップスターとしての最初の公の場は、宝塚100周年記念の大運動会だった。通常公演ではなく10年に一度の運動会でトップお披露目をするなんて……つくづく珍しいタイミングに恵まれている。

新生雪組が第一歩を踏み出したこの日、彼女の情熱は燃え上がった。

必死になり過ぎた早霧さんは、運動会中のインタビューで自分でも何を言っているのか分からなかったと、苦笑いしながら振り返る。

「周りの人たちがすーっと引いているのにも気付いたよ」

奇しくも運動会のおかげで、その熱いキャラクターが広く知られることとなったのだ。


そんな「熱血兄さん」早霧さんがトップスターとして目指したのは、「1人でも多くの人に雪組の舞台を観てもらうこと」だった。これは簡単なように思えて、その実かなり難しい課題だ。

まず、トップスターだからといって全ての演目を思い通りに決めることはできない。約80名の組の生徒たちをまとめあげること、お稽古期間を含めると4ヶ月近く続く公演に集中させて舞台を進化させ続けることは、トップスターの「立場」が保証してくれるものではない。

「私じゃなくても他の誰か。衣装でも装置でも音楽でもいい。作品を観て何かひとつでも『良い』と思ってもらうことに命を懸けていた。そのために自分に何ができるか、24時間考えていた」

公演が大好評のうちに千秋楽を迎えても、早霧さんが栄光に浸ることはなかった。次はもっと良い舞台を作らなければ、お客様も自分も満足しない。そんな思いは壮絶なプレッシャーとなり、休むことなく彼女をせき立てた。

「常にプレッシャーは感じていました。その重さに、毎公演、押し潰されそうだった。これじゃ身が持たないと思ったくらい」

主演をつとめ疲労困憊している終演後も、相手役や共演者と一日の反省点を確認し、舞台袖から見て気が付いたことがあれば下級生にもアドバイスをしていた。時には、公演スタッフと話し合いをすることもあった。

もともとスマートな体型だった早霧さんだが、トップをつとめた3年間ではまさに「身も心も削って」という言葉の通り、その身を細らせていった。

ちぎさん流、本気のお稽古

自分の芸を磨くのは、当たり前。より魅力的な舞台を実現するために、さらにできることはないか。早霧さんが考えたのは、スターだけではなく雪組の1人1人がパワーアップすることだった。そのため入団したばかりの生徒にも全力で向き合い、お稽古に付き合う。

例えば、お芝居の中で大勢が出ている場面の自主稽古。お芝居全体の雰囲気にかかわる大勢の演技はとても重要だ。多忙なスターさんはこのような、生徒が自分たちだけで行う自主稽古にわざわざ参加しなくても良いのだが、早霧さんは時間が許す限り一緒にお稽古をした。

舞台の後方で頑張っている下級生にとって、お稽古場で一回でも多く主役の演技を見てその呼吸を感じることは、大きな学びになる。演技がうまくできたらみんなと喜ぶ、そんな早霧さんの自主稽古は充実感が感じられた。

時に舞台への真剣さに欠けるような言動や、努力不足が見えたら、下級生を厳しく叱ることもあった。だがその叱責にも、その人を、舞台を良くしたいという気持ちが込められていた。

そんな彼女の熱心さが、皆をちょっと困らせることも。お稽古に夢中になったり下級生の場面を熱心に見るあまり、手元の飲み物をひっくり返してしまうことが、しょっちゅうあった。慌てて片付ける下級生に謝りながら、「また、やってしまった……」と気まずそうに俯く姿は、もはや雪組の名物だった。無意識に親しみやすさを滲ませてしまう早霧さんは、独自の方法で雪組生たちとの繋がりを深めていた。

後ろから「わあっ！」と襲いかかる。何の意味もなく、唐突にじゃんけんを始める。

他人に対して「こういう人だ」という思い込みを持たない早霧さんは、トップスターになってからも変わらず、上級生・下級生関係なく「悪戯」を仕掛けることで自然と皆の人柄を深く知っていった。

今、改めてお話を聞くと、トップスターである大きな責任感とリーダーとしての意識がはっきり分かるのだが、当時の早霧さんは「雪組の一員」「演者の一人」という色合いを強くもっていた。トップだから皆の支持を集めたいといった目論見はなく、「男役が好きで、舞台を良くしたい」、その情熱が皆を巻き込んで引っ張っていくことになる――そんなスターだった。

人間でも物事でも、早霧さんはいつもその内面に目を凝らしていた。そうしていた理由は

「外見で闘っていた時期があったから」だ。自分にはないものが多過ぎた、と彼女は振り返る。

「もうコンプレックスだらけ。でも、心は強くしていけるぜ！ってね」

表に出るものだけが真実ではない。それこそが人間の深みであり、その深みを見たくて人と接している。綺麗事に思えるかもしれないが、たとえ綺麗事だとしても、そうして築いた雪組生との繋がりは早霧さんにとって大切な力となった。

「私の手が回らないことは、得意な誰かにやってもらった方がいい」

そう気が付いてからは、自分の役割を果たしつつ、場面の指導をあえて下級生に任せることもあった。トップさんから信頼されることで、下級生たちは公演への責任感とやりがいを感じていたし、自主的にお稽古をする人が増え、組の力が底上げされた。

「え、そんなふうに思ってくれてたの？　ほらさ、やっぱり少しでも上手くなりたいから、私もまだまだ上手な人から教わりたいじゃん。皆でお稽古する方がはかどるしね」

照れながら大きな声で笑う。どこまでも格好つけない人だ。

トリデンテ、運命の出会い

早霧さんのもっとも心強い仲間は、相手役であるトップ娘役の咲妃《さきひ》みゆさん、2番手スターの望海《のぞみ》風斗《ふうと》さん。それぞれ違う組から雪組に異動したこの2人は、実力と華、早霧さんとともに雪組を引っ張る意欲にあふれた素晴らしいタカラジェンヌだった。3人はトリデンテと呼ばれ、互いを高め合うその関係性に多くのファンが熱狂した。

「ゆうみちゃん（咲妃さん）とだいもん（望海さん）と同時期に雪組にいられたことが、偶然というよりも必然だと感じる。私の人生に欠かせない2人に恵まれました」

咲妃さんのほんわかとした言葉に早霧さんが鋭いツッコミを入れたり、咲妃さんがにこにこ笑って言葉を添えたり。そんな微笑ましい掛け合いは度々話題となった。

初めて咲妃さんと受けたトップコンビのプレお披露目公演「伯爵令嬢」の囲み取材で、2人の会話に笑いが起きた時「これはいけるぞ！」と早霧さんは思ったそうだ。

「夫婦漫才という芸にできる！って気付いたの。そこにだいもんが、面白い感じで加わってくれてさ、3人で取材を受けるのが本当に楽しかった」

取材の時、咲妃さんが尊敬の念と愛情を込めて褒めてくれるのが、嬉しくも気恥ずかしかったという早霧さん。そんな照れ隠しがツッコミとなり、いつしか息の合った掛け合いになったというわけだ。

ちなみに、2番手を「育てる」こともトップスターのつとめ。望海さんは、育てがいがありましたか？と問うと、

「だいもん、雪組に来た時にはもう完璧に仕上がってたよ！　育ててない、育てられないよ！あんなに完璧な人、育てられないでしょ〜」

と、心から楽しそうな声で笑っていた。

「いつか必ず、トップスターではなくなる日がくる」

早霧さんの功績として、主演大劇場公演5作連続・観客動員100%超えという驚異的な記録がある。他業種の人でも彼女の偉大さが分かる数字だが、そう称えられるたび早霧さんはどこか居心地の悪そうな表情を浮かべる。取材の中で、その理由を聞くことができた。

「その記録は、私だけのものではないからね」

雪組生とスタッフの方々。さらにはそれまで雪組を支えてきた歴代のトップスターと上級生たち。この記録は何年にもわたって雪組に携わった大勢の人々による成果であり、自分はただの代表者に過ぎないと。

自分の名誉を誇らしく語るどころか、ここでもっとも早霧さんらしい言葉が飛び出した。

「なによりもまず、記録を作ったのはお客様だよ。この数字は、それだけ多くの方々が足を運んでくださったっていうことだから」

建前ではなく、ただ謙虚なだけでもない。実感したことしか言葉にしない早霧さんだからこそ、宝塚史に残る記録に至るまでの1日1日を積み重ねることができたと思えてならない。そしてその記録の陰には、トップスターにしか分からない苦しみも積み重ねられていた。

「1日でガラリと立場が変わるって、とても怖い経験なんです」

トップスターに就任した日。一夜明けたら何もかもが変化していた経験は、それからの3年間、早霧さんの心を離れなかった。

再びたった1日で全てが変わる、トップスターの座を退く時に自分はどうなるのか。誰からも見向きもされなくなる自分を想像して、震えたこともあったという。私などからは想像もつかないことだが、「コンプレックスだらけ」という自己認識も影響していたのかもしれない。

「宝塚に入った時から、やめた後のことは一瞬たりとも考えてなかったの。宝塚の日々が終わったら、ああもう何もない。やめた後に仕事はありますか？って14歳の私が心配していた通り、自信なんてなかったから。きっともう、なにもできないって」

退団公演の千秋楽を終えた時の安堵と解放感を、早霧さんは鮮烈に記憶している。3年間背負い続けた「雪組」の重みを降ろして、やっと身の丈にあったものを背負えると心底ほっとした。だがそれは、新しい闘いの始まりでもあった。


卒業後のお話の前に、どうしても聞いてみたいことがあった。

「ちぎさんは、『綺麗ですね』って言われても喜ばないのはなぜですか？」

「うん？」

早霧さんといえば、入団当時から透明感のある美貌に注目が集まった人だ。容姿端麗な生徒がひしめく宝塚の中でも、抜きん出た麗人として認められていた。

しかし、「綺麗」と言われるたび、なんだかぴんとこない……という表情で曖昧にうなずく様子が印象に残っている。

「うーん。外見は、天と両親からの授かりものでしょ。私にとっては、ゼロ地点。だから、そこを褒めてもらうと……もちろん有難いんだけど、『私は、まだゼロなのか』と思ってしまう」

それに、「宝塚の美」は容姿だけではないと考えていた。言葉、所作、心が表れるものとしての美。早霧さんが興味をひかれたのは、そんな美しさの追求だった。

卒業してからも「美の秘訣」について聞かれると、彼女が語るのは決まって「内面の美しさ」についてだ。

「美容法について話したくないわけじゃなくて……実は、よく知らないのよ」

本物の美人はこれだから、とため息が出る。

「いや、本当だってば‼」

逃げられない肩書から、逃げない

卒業後のあり方について、早霧さんが他の元トップスターと話したことは殆どないという。同じ「男役」でもそれぞれの個性は当然ながら違うため、誰かをお手本にして真似することはできない。退団後の人生をどう歩むか、それは千差万別だ。表舞台から去る人も多い。

ここが新たなスタート地点――。宝塚から離れた早霧さんは、俳優として新たな人生のキャリアをゼロから始めようと意気込んでいた。

しかし世間は、想像以上に「元男役トップ」として彼女を扱った。

早霧さん自身に不安があったのも確かだ。

17年間ずっと研究してきた「宝塚の男役」、ファンの方々が求める「早霧せいな」という枠組みから外れてみたとき、本当の自分ってなんだろう？と迷ってしまった。

「早霧せいなっていう着ぐるみから幽体離脱して、行き場がなくふわふわと彷徨《さまよ》っている気がしていた」

今まで応援してくれた方々への恩返しの気持ちを土台に、俳優として活動を始めた早霧さんではあったが、「元宝塚トップスター」と言われるたびに歯痒い気持ちがこみ上げる。

意思が強いのもしっかりしているのも、全部「元宝塚」だから。歩き方や仕草に工夫を凝らしても、「元宝塚の人っぽい」の一言で済まされ、そこから進むことができない。

「姿勢が良いと宝塚っぽいと思われるから、わざと背中を丸くしていた時期もあった。子どもの時から姿勢が良いってよく褒められていたから、宝塚は関係ないのにさ」と実際に猫背になってみせながら、早霧さんは少し愚痴をこぼす。

「その肩書がはじめにくるのは当然だし、私が男役をやり切ったことの成果でもあると分かってはいるけれど……」

宝塚を称賛されれば、素直に嬉しい。自分にとってかけがえのない場所である宝塚を誇りに思いつつも、今の自分の魅力とは何かと自らに問いかけずにはいられなかった。「宝塚」という名前から距離を取ろうとしたのは、少しでも気持ちが近づけば自分はまた宝塚に染まってしまうと思ったからだった。

それに、宝塚歌劇団という組織から出た時、俳優として舞台に立つ一方で、一社会人として何かできることを見つけたいという思いが湧き上がった。そのためにも、元トップスターとしてだけではない「表現者、早霧せいな」の認知度を高めなくては――。そう考えても、様々な取材やSNSでの発信の仕方に戸惑ったこともあった。

「宝塚では『多くを語らないことが美学』という感覚があるでしょ。今は、自分の言葉を自由に発信できるけど、うまく伝わるかいつも不安になる」

広い世界に飛び出したい！と思いながら、いざとなると慎重になってしまう自分がいた。

「強気な私と弱気な私の、デッドヒートだよ」

そうやって悩み考えながら過ごしたこの数年、新たなお仕事や、ようやくゆっくりと過ごせる自由な時間を重ねるにつれて、早霧さんを縛っていた苦悩は少しずつ薄れていった。

「俳優の仕事をするのは、生活を支える職としてではない」と感じ、自分自身がやりたいことなのだとはっきり認識した。過去の経験を大切にするだけではなく、今ここで求められていることに集中して力を尽くす。ただ、それで良いのだと思えるようになったという。

「死ぬまで……死んでからも、私にはこの肩書がついてくると、最近ようやく覚悟が決まりました」

重々しい言葉だが、それはこの1年ほどの舞台を経験して新たな手応えを感じたからでもある。

新型コロナウイルスの影響で2020年の春に「脳内ポイズンベリー」の公演が一部中止と

なってしまった時には、舞台に立てることの幸せと有難さを痛感した。

その半年後には、スペイン内戦時に無差別爆撃を受けた街とそこに生きた人々を描いた「ゲルニカ」に出演。演出家の栗山民也さんに、自分の未熟さや課題点を的確に指摘され、目が醒めるような思いだった。演技方法だけではなく心構えに至るまで毎日発見があり、役者として多くのことを学んだ作品だったという。

そして、主役の立場では気付けないことがあると思った早霧さんは、主演以外の仕事に挑戦したいと望むようになった。ゼロから演劇を学び直したい気持ちが険しい道を選ばせた。


宝塚時代から早霧さんに影響を与えている俳優は、ブラッド・ピットとジョニー・デップだという。この2人は二枚目ともてはやされる反面、他人があまりやらない泥臭い役柄を好んで演じるところがある。

「良い面の裏の、汚いもの。人間の本質が滲み出る、そういうもの。私はそれが好きだし、自分も見せたいと思っていた」

その言葉から、だんだんと早霧さんの美しい舞台姿と人間臭い演技がぴたりと表裏に合わさってくる。オスカルの壮絶な死に様。ルパン三世の愛嬌たっぷりの笑顔。怒鳴り散らす探偵ケイレブ。客席をどよめきのような笑いで包んだ佐平次。

幻想の世界の王子様のような宝塚スターでありながら、早霧さんは役柄の心情をリアルに表現することを重視していた。

宝塚時代に培った知識や技術を基本に持ちつつも、今はもっとシンプルなお芝居に挑戦したい。宝塚の延長線上から離れて、新たな「自分の武器」を探すという目標が早霧さんを駆り立てている。

そこには愛があったんだ

元宝塚男役トップスター。それは、100年を超える宝塚の歴史の中で100名前後しかいない、ほんの一握りの存在だ。華やかな舞台の裏で、苦労の末に必死でつかんだその輝かしい肩書と、早霧さんは今まさに闘っている。だからこそ、聞いてみたかった。

早霧さんにとって、宝塚とはどんな場所でしたか？

「愛を学んだ場所」

そう即答してくれた。今まで何度も尋ねられたであろう質問に、再び向き合った早霧さんが出した答えだった。

煌《きら》びやかな表舞台の裏では、いつだって重圧に押し潰されそうだった。忙しさに追い詰められ、季節の移ろいも見失った。それでも、「早霧せいな」を育ててくれたのは宝塚。

「正解がない表現の世界で、ただ自分が信じることを無心にやり抜く人たちがいた場所。だからこそ、宝塚には究極があった」

宝塚で実践するのは演技、歌、ダンスといった芸事だが、早霧さんは舞台に誠実に取り組むうちに、その内側にあるのが「人としてどのように生きるのか」という課題であると気付いた。人との出会いと別れ、仕事への誠意、絆。それら、人間を支え成長させる力を愛と感じるから、「宝塚こそ愛を学んだ場所」と彼女は語る。

「あたたかい応援を受け取る一方で、今いる場所から引きずり降ろされそうな激しい言葉をぶつけられることもある。良いことだけじゃない、凄くハードなこともある。その両方を知りたくて宝塚にいたんだよ。しかも、厳しく追い込まれる状況の中で」

「こういう話をすると、恐ろしく研ぎ澄まされた人物だって思われそうだけど、そんなことはなくて。しょうもないことも大好き。だから17年間続けられたんだとも思う」

この言葉の通り、彼女はいつでも面白いことを巻き起こす天才であった。精神も体力も削る熾烈な闘いの世界にいて、人生を楽しむことを忘れないタカラジェンヌだった。

トップスターの座から退いて、4年。これまでの枠組みからの「幽体離脱」が終わり、本来の早霧さんが人生を楽しみ始めている。

「宝塚を卒業した後、色々な選択肢がある中で、表現の世界に入って良かったと今は思う。ゴールがない仕事は、きっとどこまでも進んで行ける。それが私には、何より楽しい」

取材中、早霧さんは考えを重ね、ひとつずつ言葉を紡いだ。どんな質問も受け止め、思考を巡らせ、時には言いよどみ言葉を選び直し、心の内を明かしてくれた。スターのプライドにすがっていては決して語れない、1人の役者の歩みがそこにあった。

飾り気のない言葉をたくさん聞かせてくださった後で、早霧さんは「これ、まとめるの大変だねー」と呟いた。

「期待された回答とは、多分全然違うことを話しちゃったと思うから。巻き戻して、もう一回やり直す？」

あっけらかんとしたその一言に、「早霧さんの才能は？」という質問の答えが「切りかえる力」であったことを思い出した。3時間以上も語り尽くした取材の終わりであろうと、おかまいなしに切りかえる。何を話していても、興味のあるキーワードがあれば切りかえる。

どんな苦しみに打ちひしがれても、早霧さんは切りかえる。生きることに真面目で、誰に対しても誠実である早霧さんの心は、決して崩れ落ちない。幼い頃に夢見た肩書から解き放たれることは、その肩書を真に受け入れることでもあるのだろう。俳優、早霧せいなの歩む道は、はるか遠くまで続いている。

仙名彩世

［俳優］

「なにができるか」を探し続ける

雨が降りしきる、暗い夜の帰り道だった。彼女の自宅マンションのすぐそばで、子猫のか細い鳴き声が聞こえていた。マンションから他の住人も出てきて、ずぶ濡れになりながら、雨水が溢れそうな側溝を覗き込んでいた。彼女もまた、側溝の奥にいる子猫をどうにか助けたい一心で見守っていた。

やがて、協力してくれた人が側溝に深く手を入れて、子猫は救助された。その時、彼女は酷い罪悪感に苛《さいな》まれていた。

両肩に掛けたお稽古の荷物を、下ろそうとしなかった自分。濡れても汚れても、なぜ荷物を地面に放り出して手伝わなかったのか。

それから1週間ほどのちの夜。まるで試されるかのように、彼女は同じ場所で側溝の奥から助けを求める子猫に出くわした。

「今度こそ助けたい」とロープや懐中電灯を使い救助に当たったが、姿はいっこうに見えず鳴き声も弱まっていく。為す術もなく、人の手が届かない場所に入り込んでしまった子猫を救い出すことはできなかった。その様子に気付いた多くの人が手を貸してくれたものの、子猫が他の出口から自力で脱出できることを祈ってその場を立ち去るしかなかった。少し離れたところから、親猫と兄弟猫らしき親子がこちらをじっと見ていた。どうしようもない状況でできる限りのことをしたと思うのだが、それでも彼女はこう思った。もしも自分の愛犬ならば、側溝を壊してでも必ず助けたはずなのに。

彼女は、それから長らく、その場所を通ることができなかったという。

「なんていう人間なんだ、私は」

まるで昨日のことのように、彼女は今、打ち明ける。

「なんて薄情な。そう思いました。ものすごく、悲しかった」

彼女が子猫を救えなかった記憶は、誰もが持つ「ちょっと切ない思い出」ではない。日常に起きた事件から、「私はどういう生き方をするのか」と、自らの内面の奥底を見つめた経験だ。

自分に憤りを感じたのは、あなたの根底に揺るぎない正義感があるからなのか。その問いに、きっぱりと頷いて言った。

「自分のなかの正義に反することは、したくない」

「完璧」な少女時代

仙名《せんな》彩世《あやせ》さん。２０１７年から２０１９年まで花組のトップ娘役をつとめた。宮城県名取市出身、愛称は、「ゆきちゃん」。幼い頃から活発な明るい性格で、バレエやピアノ、お習字などの習い事に熱中していた。学校の成績が優秀だった彼女は、新体操部でも活躍する楽しい高校生活を送り、やがて進路を決める時期を迎えた。

新しく挑戦できることを探していた仙名さんは、そこで初めて宝塚歌劇を知ることになる。進路に悩んでいた彼女に、母が取り寄せて渡した学校案内のパンフレット。そこに書かれていたのは、ジャズダンス、タップ、そして日本舞踊まで……。面白そうな「科目」が学べる進学先として、宝塚音楽学校を見つけたというべきかもしれない。「なんでもやりたいことをやってみなさい」と言ってくれた両親の後押しもあり、受験を決意した。

受験対策のレッスンに何年間も通う人がいる中、試験のわずか2ヶ月前から準備を始めた彼女が合格できたことは、生まれ持っての華やかさと身体能力の高さを証明している。

なにしろ、二次試験を受けるために初めて宝塚を訪れ、宿泊先のホテルのテレビで初めて宝塚歌劇の映像を観たというのだ。煌びやかな舞台に魅了され、心奪われ、すっかり夢中になった。生の舞台を観劇したのは音楽学校に入学してからで、ビデオで過去の作品もたくさん観たという。

2008年、仙名さんは第94期生として入団、月組「ME AND MY GIRL」で初舞台を踏んだ。入団時に首席だった彼女は早くから注目され、花組に配属されたのち、研3（研究科3年のことで、宝塚では生徒の在団年数を「研究科○年」と表す）で印象的な役に抜擢されている。「メランコリック・ジゴロ」全国ツアー公演で演じた、図書館のベテラン司書役だ。

上級生であるトップ娘役さんを叱り付け、テンポよく芝居を引っ張るという、下級生にとっては気後れしてしまう役どころ。悩みながらお稽古するうち、真面目にやればやるほど笑いを誘う演技に辿り着いた。

「怖いもの知らずだったんです。全国ツアー公演では各地をまわるので、お客様の新鮮な反応が嬉しくて、下級生なのに毎回違ったアドリブをしていましたね」

「ピンク」と「リボン」を乗り越える

宝塚では研5までに3回の試験があるのだが、仙名さんは常に全ての科目で上位を占めていた。私が在籍していた雪組にも、「花組に素晴らしい新人がいる」と彼女の名前が聞こえてきた。しかもその娘役は綺麗で、おまけに優しい人なんだって、と。

上級生のプライドも無しに「少女漫画の主人公みたい」と憧れたものだった。

ところが当の本人は、娘役として歩み始めた当初から大きな戸惑いを感じていたという。

宝塚の娘役には、男役に寄り添うという「役目」がある。寄り添うとは、一歩下がってお隣に佇む——そんな単純なことではない。大切なのは、男役をいかに、より魅力的に見せられるか、ということだ。

なかでも、ヒロインを目指す娘役にとって、宝塚ならではともいえる「可愛らしさ」「可憐な雰囲気」を持っているかどうかはとても重要なことなのだ。

自分自身を「野性的な少女で……子どもの頃はズボンしか穿きませんでした」と振り返る仙名さんは、娘役の必須アイテムであるスカート、リボン、ピンク色、花柄というものに、最初は戸惑い、馴染めなかった。しかし入団したからには、なんとしても「宝塚の娘役」にならなくては……！

「ピンクとリボンを克服しようと思ったものの……それは本来の自分の姿とは違って……悩みました」

そのため、外見以外の部分からも娘役をより深く研究し、「宝塚らしさ」とは何かを考え続けた。

そんなふうに試行錯誤しながらも、見せ場のある役をもらい始めた研4の時。東京公演の前の2週間ほどの休暇中、故郷の宮城県に帰省していた彼女は、忘れられない経験をする。2011年3月11日、東日本大震災である。

立っていられないほど強い揺れに襲われながらも、仙名さんは冷静だった。

「その時は1人で大きなショッピングモールにいて、うずくまりながら恐怖を感じたものの、私、なんとか生きなくちゃって咄嗟に思いました」

幸い家族は無事だったものの、自宅に戻ると、めちゃくちゃに物が散乱していた。水も電気もガスも情報も、何もかもが不足していた。そんな状況でもお互いを思いやり、力を合わせようとつとめる近所の人たちの助け合いの精神に、強く心打たれたという。

‖ 仙名彩世 ‖

その一方で、大きな被害を受けた人を気遣うあまり「自分よりもっと大変な人がいるのだから弱音を吐いてはいけない、我慢しなくては」と、苦しみや痛みを1人で背負い込んで体調を崩してしまう人がたくさんいることを知った。災害の目に見える被害の陰では、人それぞれの問題が起きることも学んだ。

体験したこともないほどの大変な状況下で自分だけ故郷を離れることに葛藤はあったが、東京公演のお稽古に参加するため名取市を発った。バスで山形に移動して避難所で過ごし、山形発の飛行機の臨時便でどうにか関西に帰り着いた彼女の目前には、それまでと少しも変わらない街があった。心配して帰りを待ってくれていた知人たちに感謝すると同時に、同じ国とは思えないほどの、あまりの落差に言葉を失った。数時間前まで、寒さに凍え、蠟燭一本の灯りを頼りにしている人たちと一緒にいたのに……。

地域の被害状況の差によって、人々の生活や意識に違いが出るのは当然のことだと、彼女は話す。

「だからこそ、あの震災以来、災害が起きた時には何よりもまず現地の方々に思いを寄せるようになりました。本当の悲しみは被災した当人にしかわからないことが、もどかしい」

みやぎ絆大使を務める仙名さんは、今も故郷への思いを大切に活動している。災害を風化させないという強い意志は、着実に形となっている。

エーデルワイスの哀しみ

2013年「フォーエバー・ガーシュイン」でバウホール（宝塚大劇場の隣にある小劇場）公演の初ヒロインをつとめ、翌年の大劇場公演のパレード（公演の最後に出演者全員が大階段を降りてお辞儀をする場面）ではエトワール（パレードの最初に大階段の真ん中でソロを歌う大役）に抜擢されるなど、活躍を続けていた仙名さん。宝塚歌劇が100周年を迎えた2014年、大作ミュージカル「エリザベート」で、個性的な役と巡り合った。精神を病んだ女性、ヴィンディッシュ嬢である。

オーストリア皇后エリザベートの孤独と自由への憧れを浮き彫りにする重要な役だが、ただ上手くやるだけではヴィンディッシュ嬢の心の奥底は表現しきれない。

仙名さんはまず、ヴィンディッシュ嬢がどのような精神状態だったのか調べ尽くした。たくさんの専門書を読み込み、医学的な視点を持つと、奇抜なキャラクターの内面が見えてきた。

「彼女の純粋さを表現したくて、幼い風貌に見えるメイクをしました」

自分を皇后エリザベートだと妄想しているヴィンディッシュ嬢は、破れ目だらけの扇を優雅にかざし、病的に着飾っている。その外見も、徹底して作り込んだ。

有名な肖像画の中のエリザベートは、エーデルワイスをモチーフにした髪飾りをつけている。そこに注目した仙名さんは、舞台で使う花冠を手作りした。稀少なエーデルワイスの造花を探し回り、遠方から取り寄せた。

「造花をひとつずつ千切って、汚れを付けて……枯れたお花にしたかったんです」

‖ 仙名彩世 ‖

２０００席以上ある広い劇場だ。離れた席から舞台を観る人は、花冠の色や形などよく分からないかもしれない。それでも、演者がどれだけ役を掘り下げ、その人物になりきる工夫を凝らしているかは、舞台全体の精度を確実に上げる。

朽ちたエーデルワイスの花冠を被ったヴィンディッシュ嬢は、深い心の闇と幼女のようなあどけなさから滲む哀切を伝えた。今でも多くの人の記憶に残っている演技だ。

宝塚の生徒は、公演に使う鬘《かつら》、髪飾りやアクセサリーを全て自分で用意している。全員お揃いの髪飾りをつけることもあるが、それも各自が頭の形に合わせて改良する。特に娘役は、ひとつの演目で７、８個の飾りを作ることもある。娘役なら誰でもお裁縫が得意というわけではない。私も公演が近づくと毎度四苦八苦していたタイプだった。

花組の舞台を観るたび、仙名さんの髪飾りには目を引かれた。場面や衣装の雰囲気をとらえながらも独創的で、その上彼女にぴったりと似合うデザインの装飾品は、仙名さんをより魅力的に見せていた。

「装飾品作りは、自分が気持ち良く舞台に立つために、私にとって必要不可欠な作業でした。舞台稽古の前の夜は、あまりに眠くて吐きそうになりながら髪飾りを作っていました」

やり始めると止まらない自分を思い出したのか、そう苦笑いした。

手作りする飾りの多さに、初日の間際は徹夜をする娘役が大勢いるのだが、彼女の拘りは人一倍だった。飾りを作り過ぎてしまい、減らすこともしばしばあった。

トップ娘役になってからも、多忙な舞台稽古での出番の合間や休憩中でさえ、ずっとちくちくと縫い物をしていたそうだ。

髪飾り作りに始まり、タカラジェンヌがやるべきことはまだまだある。舞台はもちろん、お稽古場でのヘアメイクも大切だ。

特に尊敬する娘役は、彩乃《あやの》かなみさんや野々《のの》すみ花《か》さん。そのやわらかな佇まいとナチュラルな演技が大好きで、舞台姿も普段のスタイルもお手本にしていた。

そんな憧れの先輩たちの写真を集めて作った4冊以上ものスクラップブックが、娘役・仙名彩世の参考書だったと教えてくれた。

「私はヒロインではない」

優秀な成績、はきはきとした受け答え、明るい笑顔。舞台では物怖じせず、全力を出し切るパフォーマンスができる。そんな仙名さんは、まさに非の打ちどころのないタカラジェンヌだ。しかし、人が羨むような長所が本人を苦しめていたのだと、今回じっくりと話を聞いて知ることができた。

「下級生の頃に、『守ってあげたくなるような娘役の方が良いんだよ』って、言われたことがあるんです」

入団した直後から「なんでもできて、すごい」と褒められることが多かった仙名さんだが、

「隙がなくて器用貧乏なんだよね」と言われ、思い悩んだこともあったという。

彼女が目指していたのは、質の高い歌やダンスを充分に発揮できる舞台人。確かな技術と表現力を習得するのは、タカラジェンヌとして当然だと考えてきた。

何でも巧みだったため、個性的な役や悪役などのキーパーソンを任されることが多かった。そういった役柄を演じるのは純粋に楽しく、やりがいもあった。だが――。

「お姫様のような王道のヒロインの役は、全く頂けませんでした」

美貌と実力に恵まれながらも、新人公演に出演していた7年間、ヒロインに選ばれることは一度もなかった。

当時、エネルギッシュな演技で観客を魅了していた仙名さんは、ヒロインをやらずとも輝いていた。鮮やかなダンスと豊かな表情。たとえ群舞の中にいても、彼女の姿は目に飛び込んできた。

だが彼女自身は与えられた役に打ち込みながらも、幾度も挫けそうになったという。

「宝塚のヒロインにずっと憧れはありましたが、『それができるのは可憐な雰囲気を醸し出す人なんだ』と考えた時、どうしようと思いました。私が持っていないものだったから」

その頃、「意外とこれができないんだね」「苦手なの？」と人から言われることがあると、嬉しく感じてしまっていた。そんな自分を「おかしいですよね!?」と振り返る。歌・芝居・ダンスと三拍子揃った娘役なのに「上手くできないけど頑張っている、人が応援したくなるような姿を見せなくては」と、思い詰めていたのだ。だが、どれほど迷っても、彼女の心は踏みとどまった。

「いやいや！　舞台に立つのなら、芸をひたすら磨くべきだという考えを貫こうって。何度も、何度も」

他の娘役と競い合う環境にいるうちに、いつしか自分自身の持ち味が分からなくなってもいた。

「それは、卒業するまで変わらなかったな。自信はなかった。ずっと持てなかった」

切なげに、しかしどこか懐かしそうな眼差しで、仙名さんはにこっと微笑んだ。

そんなふうに日々人知れず葛藤していた時、チャンスが巡ってきた。２０１５年「風の次郎吉─大江戸夜飛翔（OH! Edo Night Show）─」で、ヒロインの１人に選ばれたのだ。

仙名さんが演じた手妻《てづま》の幸《ゆき》は、手妻（手品）や殺陣《たて》、三味線など、やったことのない技ばかりを披露する、見せ場が多くある役だった。新しいことへの挑戦が大好きな彼女は、文字通り、「やる気が爆発」した。

「体力的には大変でしたが、初めて達成感を味わえた作品でした」

それまでは、千秋楽を終えても「もっと努力できたのでは」と心残りを覚えるのが常だったが、全力を出し切った心地よさを実感できた公演だったという。作品の素晴らしさもさることながら、驚異のゆきちゃんパワーに圧倒されるエピソードだ。

よく知られているように、宝塚には厳しい上下関係がある。芸事やお稽古場の態度について、先生や上級生に叱られてばかりの下級生たちは、いつも緊張感を持って過ごしている。一方、上級生になれば偉そうにしていられると思われがちだが、そんなことはない。

下級生のお手本として。立派なタカラジェンヌとして。「叱られなくてもできる人」でいることは、そう簡単ではない。

上級生になった仙名さんも、そんな緊張感からは抜け出せなかったという。

「お稽古場だけでなく、劇団の廊下を通る時でも、下級生は上級生のことをよく見ているんです」

歩き方や挨拶の仕方、休憩中の座り方まで……今振り返ると、劇団内では気を抜ける瞬間がなかった。それに、公演中やお稽古中は、宝塚ファンの人たちが応援しているスターさんを劇団の前まで見に来ている。劇団の中に加えて、出勤時も退勤時も、タカラジェンヌとして振る舞うことが身に付いてしまうのだ。

他人の視線に神経を擦り減らす一方で、下級生の優しさに助けられたことも多々あった。

「下級生の皆は、私のちょっとした変化にも気付いてくれる。疲れていたり、少しでも浮かない表情をすれば、心配してくれる……。だからこそ、心配させてはいけない、いつも元気でいよう！と思っていました」

劇団で会うと、仙名さんはいつでもにこやかに話し掛けてくれた。その笑顔に元気をもらったものだが、彼女の明るさには周囲への気遣いも込められていたのだ。かといって、わざと快活に振る舞っていたわけではなく、仙名さんは常にナチュラルな人だった。誰かと顔を合わせればまず笑顔が飛び出す、そんな彼女生来の愛らしさが常に溢れ出ていた。

印象的なのは、しっかりと相手を見つめる眼差しだ。明るいのに少しも浮ついたところがない話し方には、その舞台での雰囲気と同じ、まっすぐなものが感じられる。

仲間と接する時は明るくいられる。しかし、内心では不安を抱え、自信を失っていたのも事実だった。頑張っても、頑張っても、トップ娘役に近づくことはできない。

「私はもう、劇団に必要とされていないと感じていました。でもまだ夢を諦めたくない気持ちもあって……その頃は心の中がジグザグでした」

「卒業」に心が傾き始めた研8の終わり、驚くような役が巡ってきた。2016年「For the people ―リンカーン 自由を求めた男―」。当時、専科（主にベテランの生徒が所属し、組を超えて公演に出演する）の男役スターだった轟悠《とどろきゆう》さんの相手役として、ヒロインを演じることになったのだ。

諦めたはずの夢が

大きな転機となるこの作品で、彼女はリンカーンの妻メアリーを演じた。

主演の轟さんは、1997年から雪組トップスターを5年弱つとめた後、専科へ異動し、その後も長きにわたり宝塚の生徒を牽引してきた、特別なスターさんだ。

男役としての道を極め、舞台に立つ覚悟が感じられるその生き方に触れ、仙名さんは多大な影響を受けた。

「轟さんは、役者として、人として、あるべき姿を学ばせてくださいました」

それに、共演する下級生と気さくに接し、培った芸を惜しみなく教えてくださる轟さんとのお稽古はとても有意義な時間だった。

上級生になるにつれ、花組での立場、公演ごとの役柄を意識することが多くなっていた仙名さんは、下級生の頃に感じていた「お稽古が、楽しい」という気持ちを思い出したという。

「私も、こんな舞台人になりたい。轟さんのお隣に立つにふさわしい娘役に成長したいという思いが生まれました」

仙名さんの意識は、大きく変わった。トップ娘役に手の届かない自分を否定することをやめて、トップ娘役と舞台上で遜色なく並び、ひとりの舞台人として自立したスターを目指そうと思うようになった。それは、彼女の視線が「トップ娘役」を超えた瞬間だった。「今後どうなるのかと思い悩むより、今、轟さんと仲間と一緒にこの公演に向き合おう」という、純粋な熱意が戻ったのだ。


そんな彼女の覚悟は、運命を切り開く。

この公演ののち、あんなにも追い求めていた夢が現実となった。

「お話を聞いた瞬間、『これまでやってきたことは、無駄ではなかったんだ』と思いました」

２０１７年、仙名さんはついに花組トップ娘役に就任した。

新人公演でのヒロイン経験のない生徒がトップ娘役に選ばれたのは、32年ぶり。さらに入団9年目という、娘役としては異例の遅い時期での就任であった。その「異例」に、仙名さんのトップ娘役就任を待っていた宝塚ファンは歓喜に沸いた。私も、そのうちのひとりだった。

この知らせを電話で報告した時、仙名さんの両親は心から喜んでくれた。遠い宮城県からずっと見守り、応援していた父母。その嬉しそうな声を聞いた彼女は、ようやく少し親孝行できたかなと、ほっとしたという。


そして、いよいよ始まったトップ娘役としての日々は、想像より遥かに大変なことの連続だった。忙しさに加えて、責任のある立場で次々と舞台をこなす。花組の顔であるトップスターを支えながら、自らも花組の娘役の中で最も輝いていなくてはならない。

仙名さんが戸惑ったのは「舞台に立つこと」そのものだった。トップスターとは、舞台の真ん中に立つだけで存在感を放つもの。ところが彼女は、「全てを完璧に、しっかりやらなくては」と頑張り過ぎてしまう。あまりに力むと、トップ娘役としてのゆとりや風格が損なわれることもある。

大劇場の真ん中に立つということには、仙名さんがそれまで持っていた舞台人としての感覚とは異なり、「太刀打ちできない難しさ」を感じたそうだ。

「今までの経験や、私なりの努力の積み重ねを、これからも活かしたい。そう思っていた自分が甘かったです」

潔くそう言い切る彼女は、今までの全てのトップスターを改めて深く尊敬したという。下級生である前任のトップ娘役・花乃《かの》まりあさんの姿を思い返し、激務をこなして立派に舞台をやり遂げていた花乃さんをさらに見上げる気持ちになった。

「トップスターという立場に、学年やキャリアは関係ない。皆、本当に凄い方々だったんだと改めて実感しました」

孤独な闘いの終わり

「どれだけ感謝しても、足りない」

トップ娘役任期中のことを語る仙名さんからは、相手役である男役トップスター・明日海《あすみ》りおさんへの、そんな深い思いが常に湧き出ていた。

研ぎ澄まされた舞台センスと美しさを兼ね備えた明日海さんは、そのときすでにトップスターに就任して4年目となり、絶大な人気を集めていた。

「男役さんとしての拘りを確立された上で、お稽古の中でどんどん進化される。ものすごいエネルギーのある方です」

明日海さんの足を引っ張りたくない一心で日夜努力する彼女に対し、明日海さんはいつでも親身に向き合ってくれた。相手役として掛けてくれる言葉は、仙名さんにとって新たな気付きであり、激励となった。

2人が作り上げた数々の美しい場面の中で、特に印象的だったのはデュエットダンスだ。ショーの終盤に、美しいお揃いの衣装を着てトップコンビが2人だけで踊るこのデュエットダンスは、宝塚の象徴とも言える特別なシーンだ。

初めてのデュエットダンスのお稽古のことを、仙名さんははっきりと覚えている。

「『今、どうして笑ったの?』って、仰ったんです」

デュエットダンスでの娘役といえば、男役の顔をうっとりと見つめ続け、ひたすら笑顔で寄り添う姿が思い浮かぶ。彼女も、そんなイメージを理想だと考えてお稽古に臨んだのだが、

「ただ隣でずっと笑うのではなく、ダンスの中にはドラマがあって、心が動くから笑顔になるんじゃないかな?と、アドバイスをくださいました」

明日海さんの言葉で思い込みが打ち破られてから、デュエットダンスへの取り組み方はめざましく変化したという。

「シンプルな振りの中にも物語を見つけて、明日海さんとの心の交流、ちょっとしたアイコンタクトからもメッセージを受け取って大切に踊りたいと思うようになりました」

あたたかく、魅惑的に、時には語りかけるように……。多彩な表情で仙名さんを包み込んで踊る明日海さん。劇場全体がため息をつくようだったデュエットダンスは、2人が大切に育んだドラマだったのだ。

トップ娘役として無我夢中で駆け抜ける日々にも、心に残る楽しい時間があった。

宝塚歌劇の特色のひとつである、豪華な衣装。トップ娘役のドレスともなれば、最上級のレースやビーズがあしらわれている。華やかな色彩や凝った装飾が大好きな仙名さんは、自分の着ているドレスの細やかな飾りに、つい見惚れてしまうこともあった。

トップコンビの仕事の合間に明日海さんと言葉を交わすのも、心が安らぐひとときだった。責務への緊張感から離れて何気ない会話で笑い合う。舞台に関することは全てにおいて真剣勝負だからこそ、束の間のリラックスタイムには、より気持ちが和んだ。

そして何より、花組の皆とともにお稽古を重ね、舞台に立つこと。仲間との出会い、関わり合いそのものが喜びだった。

「ずっと孤独な闘いをしてきたので、人に頼ることができなかったんですよ」

舞台をこなす他にも、撮影や取材といったスケジュールに忙殺される毎日。持ち前の気力と体力で乗り越えようとしたが、気がつけば、助けてくれる仲間たちがそばにいてくれた。自立した舞台人になろうと努めてきた彼女が、自分の力に限界を感じた時、それまでは分からなかった幸せを感じられたのだ。

「人に頼ること」は甘えではなく、仙名さんにとってひとつの成長だったのかもしれない。

エイトシャルマンに乾杯！

唯一無二の娘役・仙名彩世のパワーが炸裂したのは、レビュー「Santé!!」の、エイトシャルマンの場面だった。仙名さんは8人の娘役とともに、脚線美もあらわに迫力あるダンスを披露したのだ。

男役スターさんが注目される宝塚において、娘役だけの場面は珍しい。まして、優雅なドレスで歌い踊るのではない。今こそ花組の娘役が持つ、エネルギッシュな持ち味を活かしたいと、仙名さんはわくわくした。

「可愛いイメージの娘役だって、格好良い場面もできるよ！ってお客様に見せられたらいいなと思いました」

パワフルなダンス、キレのある掛け声。健康的な色気を振りまいて熱い風を巻き起こし、最後には男役さんも惚れ惚れするほどパンチの効いたウィンクをきめた。その姿は誇り高く、エレガントでさえあった。

たった1分半の場面だったが、「こんな娘役の場面が観たかった」「男前なゆきちゃんが最高」と話題を呼び、のちに、仙名さんの集大成のひとつとして復活する。

それは彼女が宝塚を卒業した日、本公演の後に上演された「仙名彩世サヨナラショー」のオープニング。16人に倍増したエイトシャルマンの娘役が、堂々かつ颯爽と銀橋《ぎんきょう》（舞台と客席の間にあるエプロンステージ）を駆け抜ける姿は、劇場を沸き立たせた。

自分に足りないものを求め続けた彼女が、思い切って「自分らしさ」を表現した時に、観客はその魅力を認めてくれた。明日海さんを信頼し、舞台に挑み続けるうちに、技術力も精神力も大きな飛躍を遂げていた。

申し分のない実力者と言われた彼女が、トップ娘役になってさらに素晴らしい舞台人として成長するなど、誰が想像しただろう。

サヨナラショーの最後に現れた彼女は、砂糖菓子のようにキラキラとしたピンクゴールドのドレスをまとっていた。自分にはできないと苦悩し続けた、宝塚らしいプリンセスタイル。その姿は、気品と愛らしさに輝いていた。諦めることなく「自分」を突き詰めた、可愛くて格好良いひとりのタカラジェンヌがそこにいた。

２０１９年の春。沢山の人に惜しまれ、祝福されて、仙名さんは宝塚を卒業した。

宝塚を卒業して一番やってみたかったのは、カフェで友達とおしゃべりしながらゆっくりお茶をすること。「そんなこと？」と思うような望みさえ、時間に追われていた宝塚在団中の生活では一度も叶わなかった。退団後、ようやくそのひとときを経験した仙名さんだが、

「最初は、なんだか落ち着かなかった……」

のんびり過ごしに行ったカフェでそわそわしてしまったと、少し恥ずかしそうに教えてくれた。

故郷の名取市で家族とゆっくり過ごしたのも、実に13年ぶりだった。在団中のたまの帰省は、

いつも慌ただしかった。

犬が大好きな仙名さんにとって、実家の愛犬マロンちゃんとコロンちゃんは家族同様、大切な存在だ。

「そのうちのひとり（彼女は愛犬をこう呼ぶ）が4歳の時、私は宝塚へ入ったんです。その子が17歳になっているわけだから……どれだけ長い時間、宝塚にいたのか、改めて実感しました」

お稽古や公演に追われ、どうしようもなくなった彼女が「マロちゃーん！　コロちゃーん!!」と突如叫び出すのは、花組ではお決まりの光景だった。

「13年間、ものすごく必死でやってきて、現実に戻ったらタイムスリップしたみたい。あまりにも色んなことが変わっていて、不思議な気持ちでした」

家族と語り合い、思う存分愛犬と遊ぶ時間は、彼女にようやく休息をもたらしてくれた。


宝塚を卒業した現在も、彼女の挑戦は続いている。

ミュージカル「ゴヤ -GOYA-」のお稽古は、未知の刺激でいっぱいだった。彼女が演じるアルバ公爵夫人は、聴力を失い絶望の中にいるゴヤにもう一度絵を描かせる最初のきっかけを与える人物だ。演出の鈴木裕美さんは、心にぴたりとくる言葉を投げかけて、仙名さんのアイディアやイメージを自由に表現させてくれる方。宝塚では自己主張を控えてしまうこともあったが、今はその勇気が出てきた。

「清塚（信也）さんの音楽もドラマティックで、お客様の反応がとても楽しみです」

共演するキムラ緑子さんの演技には、お稽古場から圧倒された。

「大女優さんですし、すでに完成された演技なのに、お稽古の最終段階でもどんどん新しい試みをなさるんです。素晴らしいと思いました。私もそうありたい」

キムラさんと火花を散らす場面もあるのではじめは緊張していたが、コケティッシュなダンスナンバーという演出に、いっそうやりがいを感じているという。

趣味の域を遥かに超えて

宝塚を卒業してから仙名さんが熱中しているのが、ミニチュアフード制作だ。粘土などの素材でリアルに再現された小さな目玉焼き、餃子セット、焼肉、色とりどりの和菓子……。

沢山の作品がテーブルの上に並ぶと、私含め同席したスタッフの皆さんはすっかり見惚れて、取材はしばしば中断してしまった。

「全部、爪よりも小さい！」

「この豚カツ、衣がサクサクしてますよ」

「バターの艶！　これ、本物じゃないの？」

皆が口々に感嘆の声を漏らす中、私は、思わず呟いた。

「ああ、お腹すいてきた」

やった！とガッツポーズをする、職人・仙名彩世。

「そう言われるのが一番嬉しい！」

この取材中、彼女が最も自信を爆発させた瞬間だった。

「難しかったのは、お肉ですね。脂身部分に使う透明な粘土は、赤身部分と混ざるとピンク色に濁ってしまうんです。だから、赤身を程よく乾燥させてから透明粘土をそっと接着させると、ベストな霜降りになる」

澱《よど》みない解説に、一同はただ頷くだけだった。ひとつの制作にどれくらいの時間がかかるのか問うと、

「うーん……分からないですね。作り始めると、時間のことは忘れるので」

もはやプロの発言。何事も完璧を目指して研究を重ねる性格は、ミニチュアフード制作と相性抜群のようだ。

「母方の祖母は、編み物やビーズ細工が得意でした。小さい頃は、祖母お手製の服を着ていたんですよ。そういう物の作り方を直接教わったことはありませんが、その素質を受け継いでいるのかも！」

娘役の髪飾り作りもそうだが、手先を使う作業が楽しくて仕方がないという。

「それともうひとつ、誰かにプレゼントしたいっていう気持ちが、手作りの始まりかもしれない」

宝塚在団中には誰かの誕生日やバレンタインの贈り物に、必ずハンドメイドの物を渡していた仙名さん。同じように、ミニチュアフードをプレゼントした祖父や母が驚き、笑顔になった

ことが嬉しかった。彼女にとって、人を喜ばせることが物作りの原動力なのだ。

探し続ける人

元来の性格に加えて、宝塚で培った心の強さをさらに磨きながらも、新しい生活の中でのびのびと呼吸している仙名さん。晴れやかな笑顔に、改めてこう聞いてみた。仙名さんにとって、宝塚とは？

「日常であり、闘いの場です」

心が休まることがなかった日々。積み上げた努力の裏には、長い長い時間が消え去っていった。早朝から深夜まで仲間と過ごした宝塚は、彼女にとって生活そのものだった。

「宝塚とは夢の世界です！って、言いたいですけどね」

そう言って、彼女は笑った。

夢の世界を観させてもらったのは、私たちの方だった。その夢を作り出すために費やした13年間を「日常と闘い」だと率直に明かしてくれた仙名さんは、やっぱりとても格好良い女性だ。

俳優として活躍する彼女には、もうひとつの夢がある。

「ミニチュアフードのアーティストになりたい」

精巧なだけではなく、質感や盛り付けにまでセンスが溢れる彼女の作品には、計り知れない可能性を感じる。

すぐにでもアーティストと名乗れるよ。そう言う私に、「だめだめ！」と仙名さんは声を高くした。

「これからも作り続けるためには、自分だけの特別なエッセンスがないと。もっと良いものができる方法を、探しているところです」

取材中、彼女が何度も口にした、「探している」という言葉。ミニチュアフード制作に取り組む姿勢にも、仙名彩世の勢いは健在だ。宝塚で身に付けたというよりも、少女の頃から彼女が持ち続けている探究心なのだろう。

今、彼女が注目しているのは、ミニチュアの食器。ミニチュアフードを引き立たせるために、食器に拘り始めたらしい。しばし考え込んだ彼女は、はっとして私を見た。

「ねえ、きゃびい（早花）さん。『ミニろくろ』ってないかなあ!?」

このしなやかな発想力とハンドメイドの才能を思えば、想像できる。彼女はきっと近いうちに、思い描いたミニ食器を作るだろう。

「私は視野が狭い人間なんですけど、いつも遠くを見ている気がする。そうやって生きてきたし、これからもそうなんだろうな」

他人から見れば「なんでもできる人」は、「なにができるか」を絶え間なく探している。

「『私はこれです』というものを、決めたくない。これができたら死んでも良いっていうことに出会えたら幸せだけど、何かもっと、私にはできることがあるんじゃないかって……。ずっと、探してます」

時に壮絶なまでの、宝塚での日々について語ってくれた彼女の目は、闘いの日々からは想像もできないほど柔らかい笑みをたたえていた。その目線の先には、これからどんな景色が広がるのだろう。ずぶ濡れで子猫を探し続けた、あの日と同じまっすぐな眼差しは、今も「何か」を探している。

香綾しずる

［会社員］

海外で人の役に立つ仕事をしたい

「私、宝塚をやめたらやりたいことがあるんです」

そう、彼女が話し始めたのは、宝塚を卒業する公演の楽屋でのことだった。いつになく真剣な口調に、付近にいた雪組の上級生も下級生も集まって、その後に続く言葉を待った。

注目されるなか、彼女はおもむろに口を開いた。

「スパイダーマンになりたい」

あの時、彼女を取り囲んだ人々が一瞬で解散した光景は、今でも忘れられない。


「私、そんなこと言ってました？　全然覚えてないなー」

とぼけているのではない、全開の笑顔で無邪気にそう答える彼女。それはまさしく予想通りの答えだったから、私は驚かなかった。

「きっと……海外に関係したお仕事がしたかったから、スパイダーマンって言ったんですよ。ほら……『人との繫がり』みたいな。ね⁉」

当時の自分のよくわからない発言をどうにかしようとしている。真顔で説明されるが、やはりいまいち理解不能だ。自由自在に活躍する己の姿を、スパイダーマンというヒーローに重ねていたのだろうか。

「私、スパイダーマンの映画は見たことないんですけどね。なんでそんなこと言ったんだろう、ね？」


香綾《かりょう》しずるさん。山口県周南市出身で、愛称は「がおり」。2002年に宝塚音楽学校に入学し、第90期生として2004年に雪組公演「スサノオ」「タカラヅカ・グローリー！」で初舞台を踏んだ。そのまま雪組に配属されてからは確かな実力のある男役として活躍し、新人公演の主役を経験する。

舞台を締めるぶれない演技、色っぽいダンス、安定した歌唱が彼女の武器だった。CS放送の宝塚歌劇専門チャンネル「タカラヅカ・スカイ・ステージ」では軽妙かつ機転を利かせた進行役をつとめるなど、雪組に欠かせない存在として成長していく。

しかし入団から14年、人生の節目には新しいことを始めたいと考えていた彼女は、2017年に惜しまれつつ宝塚歌劇団を退団。卒業することに、迷いはなかったという。

歌、ダンス、お芝居となんでも巧みにこなす香綾さんに、ミュージカルや舞台への出演など、卒業後の華やかな活動を期待したファンも多かった。しかし、彼女が選んだのは、元タカラジェンヌとしては異色といえる道だった。

「ついこの間まで、鬼島又兵衛を豪快に演じて客席を笑いで揺さぶり、ショーでは一転、魅惑のコーヒールンバを披露していた男役スターの香綾しずるが、ベトナムで日本語講師をしているらしい」

香綾さんの卒業後すぐ、そんな話を聞いたが、にわかには信じられなかった。

「宝塚を退団したのが、7月。その後すぐに、『ベトナムの日本語学校で教えてみない?』と知人から声をかけてもらい、10月には母と一緒に現地を見に行きました。それで、もうその翌月から1人でベトナムに住み始めたんです」

子どもの頃の夢は、「お医者さん」だった。しかし、日本で診療したいわけではなかった。海外で、それも発展途上にある国で人の役に立つ仕事をしたい。そのためにお医者さんになる――そんな夢を抱いていたという。

スパイダーマンかどうかはともかく、宝塚を卒業する時にはすでに海外へ目を向けていたことは確かだった。お医者さんにはならなくても、海外で人の役に立ちたいという思いは、ずっと彼女の心の中にあった。だが具体的な展望はなく、ただ漠然とした夢でしかなかった。

一度現地を見たとはいえ、「ベトナムの日本語学校で講師をする」という、かなりざっくりとした仕事内容を聞いただけで渡航を決め、現地で生徒となる「ベトナム人技能実習生」が何なのかということすら後から知った。英語圏外へ行くにあたり、渡航までに覚えたベトナム語は挨拶と数字程度。

「不安よりも、楽しみが勝っていました。面白そうだからとにかく行ってみよう！って」

宝塚を卒業した後にしばらく休養期間をとる人も多いが、香綾さんはすぐに次のステップへ踏み出した。

「休むつもりはありませんでした。すぐに、何か新しいことを始めたかった」

退団公演では通常の公演以上に、やらなければならないことがたくさんある。心身ともにハードな環境に身を置いていたというのに、彼女はケロリと言ってのける。

「退団した千秋楽の翌日、全然疲れてなかったしね！」

宝塚での経験を活かすには？

現在、彼女が働いている日本アジア青年交流協会は、日本の企業と外国人技能実習生の橋渡し役を担っている。実習生が日本の技術、様々な分野の知識を学んで母国ベトナムへと持ち帰り、社会の発展や生活の向上を支える人材となるよう育成する。それが、彼女のいまの仕事だ。

外国人技能実習生が安心して学ぶためには、彼らがそれぞれの適性に合った企業に就職できるかどうかが重要だ。そのために協会では数回の面接と実技テストを行い、ベトナムのスタッフとも連携しながら実習生の採用をすすめている。

香綾さんが約1年間勤めたベトナムの首都・ハノイにある日本語学校は、日本アジア青年交流協会が直接運営しており、日本で働くことを希望し就職が決まったベトナム人が学んでいる。

ここでは技能実習生を単なる働き手にする教育だけではなく、彼らの生活や学びを長期的に支えるための活動をしている。

海外の人と比べると、日本人は突出して几帳面で清潔好きだ。さらに職場では時間を厳守すること、礼儀正しい挨拶などが求められる。ベトナム人の生活とは違うことばかりだ。

学校で働き出した香綾さんはすぐに、語学の習得だけではなく、そもそも日本で暮らすための準備が充分ではないことに気が付いた。

ベトナムの文化を尊重することはもちろん大切だが、日本で就職するという目的がある以上は、日本流のやり方を身につけておいた方がいい。その訓練に懸命に取り組んではいたものの、ベトナム人スタッフだけでは限界があったのだ。

技能実習生を受け入れる日本の企業のため、そして何より生徒たち自身が日本で自立し安心して生活を送れるようにと奮起した香綾さんは、学校の改革に乗り出した。

彼女が最初に取り組んだのは、掃除の指導。朝だけだった掃除の時間を、昼と放課後にも増やして、全クラスを見回ってやり方を教えた。

「大切にしていたのは、生徒が自主的に掃除をして、ゴミや汚れに気付くようにすること」

当時の宝塚音楽学校の掃除は、徹底的に厳しいことで有名だった。窓枠の埃を、筆で払う。ピアノの鍵盤を磨くのは、綿棒。ベトナムの日本語学校では、さすがにそこまでしなかったが、隅々まで完璧に掃除をするやり方を知っていたのは指導の助けになった。

掃除だけではなく、挨拶の仕方や整理整頓、団体行動といった生活全般の指導には、宝塚で学んだことが大いに役立った。

「細かいことを丁寧に伝えるようにしました。例えば、教科書を机の上に置く時には角を揃える。列にきれいに並んだり、皆で挨拶をする訓練のために、朝礼の時間を取り入れました。ラジオ体操もしたんですよ～」

思いついたら即、実行。香綾さんは現地スタッフにも教え方を伝授して、学校の指導体制を整えていった。赴任当時は10人ほどだった全校生徒数は、130人にまで増えたという。香綾さんの考えた方法が国内外で評価されたことが分かる数字だ。

教師の資格がないのに「先生」となるのには、どれほどの苦労があったのだろうか。

「全く問題ありませんでした。現場で大事なのは資格ではなく、日本の文化や考え方を正しく伝えることでしたから。日本で生まれ育ったきゃびいさんも、その存在自体がベトナムの生徒たちにとっては〝先生〟なんですよ」

実際に〝先生〟を経験した香綾さんだからこそ、語ることができる感覚だ。


そのように日常の細かいところからコツコツと改革を続けた香綾さんは、ベトナムに渡ってわずか半年後、現地の副社長に就任する。ベトナム人にとっては不慣れで厳しい規則が増やされたが、戸惑いや反発の声が上がることはなかった。そのやり方が日本で暮らすために必要なのだと、香綾さんが繰り返し伝え続けたからだ。

「ただ規則で縛るのではなく、協力して楽しくできるように工夫しました。つまんないと、続かないからね」

ベトナムの人たちはこまやかにメモを取る文化があるなど、学習に向いている面も多々あった。

平仮名は「あ」から。そしてカタカナ、数字といった日本語の基礎を教え、徐々にステップアップしていく。日本語を教えるのはもちろん初めての体験だったが、香綾さんに言わせるとこれで済んでしまう。

「意外と、なんとか、うまくいきました」

楽しい！　美味しい！　ベトナム生活

ここで、ベトナムでの香綾さんの一日を見ていこう。

朝7時過ぎに出勤して校門前に立ち、登校してくる生徒たちに「おはよう‼」と声を掛ける（「これ！　絶対に、やりたかったんです！」）。

掃除と朝礼では生徒1人1人をチェックして様々な指示を出し、8時30分から授業が始まる。

ベトナムにはお昼寝の習慣があり、赴任した当初は学校でも2時間のお昼寝タイムがあった。

「これでは日本で働けない」と驚いた香綾さんは、お昼休憩を1時間に変えて日本での生活に近い時間割に変更した。

放課後の掃除の後に下校時間となるが、それでは勉強量が足りない。そこで、20時から22時までを自習時間として新たに設定した。でも、この自習時間中は、あえて生徒たちを見守ることはしなかった。

「日本に来てからも、彼らが自分で勉強し続ける習慣を身に着けて欲しかったので」

直感的な計画に見えて、実は綿密に考え抜かれた指導法だ。そのやり方は、宝塚時代の香綾さんにも通ずるところがある。

帰宅後は翌日の授業の準備や提出された日記の添削をして、あっという間に一日が終わる。香綾流指導は成功だったようで、生徒はみんな学習意欲を持ち、積極的に学んでいたそうだ。タカラジェンヌはかなり限定的で特殊な仕事であるはずなのに、そこで学んだことが異国の地でこんなにも役立つなんて――。驚く私をよそに、香綾さんはあっけらかんとしている。


「休日は近所のカフェでタピオカドリンクを飲みながら、日本の動画とかをひたすら見てた。6時間くらい！」

香綾さんが暮らしていたハノイのマンションにテレビはなく、家具も最小限。一年中蒸し暑い気候で虫がたくさん出没したが、生活は楽しかった。お隣のベトナム人の家族に呼ばれ、時々夕ご飯にお邪魔していたという話からも、彼女が現地に馴染んでいた様子がうかがえる。

唯一辛かったのは、ネイティブな日本語が恋しかったことくらい。素晴らしい人たちと出会い、街での生活を満喫したと、ベトナムでの日々を笑顔で振り返る。

「なんといっても、ハノイは食べ物が最高なの。なんでも美味しかった」

そう、香綾さんは美味しいものが大好きだった。宝塚のお稽古場や楽屋で美味しいお菓子の差し入れがあった時には、いち早くその匂いを嗅ぎつけて飛んできた彼女の姿が鮮やかに思い出される。

麗しき姿で煌びやかな舞台に立っていた香綾しずるが、そのわずか4ヶ月後にはベトナムでゼロからの仕事を始めた。新天地に飛び込んだ原動力は、一言でいうと「探究心」。

「海外へ行っていろんな人を知ると、日本の良い部分も悪い部分も分かる。たくさんの経験をして、視野を広げたかったんですね、私。スパイダーマンにはならなかったけど」

その言葉通り、香綾さんが語ってくれるのは紛れもない実体験だった。頭で考えるよりも、とにかく行動にうつす。人伝《ひとづて》の知識に頼らず、なんでも体験する。そこから物事を理解し、自分にできることを実行していく。簡単なようで、なかなか実践できるものではない。

思えば、宝塚でも香綾さんは常に勢いのある人だった。悩み苦しむ暇などないくらい、いつも何かに挑戦することを本気で楽しんでいたタカラジェンヌ、それが「がおり」だった。

大型新人男役、雪組に現る

香綾さんの母は、大の宝塚ファンだった。子どもの頃から母と一緒に夜行バスに乗って地元の山口から兵庫県宝塚市まで宝塚観劇へ出かけ、家では舞台のビデオを観て育った香綾さんだが、のめり込むほどの宝塚ファンではなかった。

母に「一回だけで良いから」と頼み込まれ、宝塚音楽学校を受験した。結果は、見事一発合格。まさか受かると思っていなかった彼女の喜びは、他の合格者とはまるで違っていた。

「これで春休みの宿題をやらなくていい！　やった〜〜〜!!」

勉強から解放されたかわりに、厳しい上下関係と芸事のお稽古でがんじがらめの日々が始まった。その過酷さに音を上げ、毎日泣き暮らす生徒も少なくないのだが、

「音楽学校での2年間はすごく楽しかったです。あの、すべてに追い詰められてる感じが！」

ここでも人並外れた適応力を見せつけ、4番という好成績で宝塚歌劇団に入団、初舞台を経て雪組に配属された。

卒業した今だからこそ語ることができる本音がある。

「宝塚の舞台に、夢中で憧れてはいなかったんです。だから初舞台も、あんまり感動しなかった」

華やかな雰囲気に酔いしれて、感激に浸る……そんな初舞台生ならではのうっとりとした瞬間があるものだが、香綾さんはその遥か先を、シビアな眼で見据えていた。

「宝塚に入ったからには、自分のやるべきことをやる。与えられた役はとことん追求するし、芸事の技術を少しでも上げたかった」

実際、香綾さんは実に堂々とした下級生だった。初々しさなど微塵もなく、きりっと張り詰めた表情の下級生たちの中で、とにかくよく笑う。「態度が大きい！」と叱られても、舞台に立てばどんなに端っこでも活躍して上級生を黙らせた。ベテランでも冷や汗をかくほど緊張感のある場面も、香綾さんはひょうひょうとやり遂げてみせた。

2008年「君を愛してる —Je t'aime—」の新人公演では、余裕綽々といった顔でソロを歌

い上げた。ぴりぴりとした空気感のお稽古場でさえ楽しそうな香綾さんに、スターさんだけではなく周囲の私たちも驚いてしまった。

「私、全く緊張しないの。いつも楽しくてしょうがない。みんな、見てくれ〜！って」

その舞台度胸と実力で様々な役をこなしていき、２００９年には新人公演主演の座を摑む。男役6年目、演目は「ＺＯＲＲＯ　仮面のメサイア」。

新人公演の主役は、誰しもが憧れる輝かしい立場だ。名実ともにスターとして認められるための条件のひとつでもある。

元々「主役をやりたい」という強い願望を持っていなかった香綾さんは、そのチャンスが巡ってきた時も冷静だった。

「私の場合、キラキラとしたスター性ではなく、努力の結果で選ばれたと思いました。だからこそ、与えられたからにはしっかりやろう、と」

他人のあり方にとらわれず、淡々とやるべきことを重ねてきた香綾さん。2期上の私から見ていても、彼女は新人公演の主演という立場に舞い上がってはいなかったし、本番では天性の芝居のセンスと努力の結果が発揮された。

だが新人公演主演を見事に果たしたこの時、彼女の心の中には、誰も想像し得ない思いが生まれていた。

「私、真ん中は向いてない——そう思いました」

誰よりも豪華な衣装で眩しいライトを浴びることは、香綾さんにとって重要ではなかった。

「新人公演の主演から、少しずつ違和感を覚え始めました。スターになるよりも、私にしかできない役をやりたいなって」

研10で演じた「若き日の唄は忘れじ」加治織部正《かじおりべのしょう》役をきっかけに、その思いは更に強くなる。主役を支える脇役や渋さを活かせる大人の役柄は、彼女にとって主演以上にやりがいを感じるもので、何より純粋に、演じるのが楽しかった。

そんなふうに自分の進みたい道をひそかに決めたのだが、人が羨むような出番に恵まれた時は、感謝と同時に、静かな葛藤を抱いた。少しでも実力が落ちたら自分はここにいるべきではない、と強く意識したという。

「学年が上がっても日々のレッスンは欠かしませんでした。もっとできる、もっと上手くならねばと、常に自分自身に課していたような気がする」

高い技術力がありながら努力を怠らない。そんな彼女の発言には、いつも重みと説得力があった。新人公演や様々な場面のリーダーとして的確にみんなを指導した彼女は、下級生だけではなく、上級生やスタッフの先生からも信頼されていた。

2011年「ロミオとジュリエット」では、上級生たちとともにアンサンブルをまとめていた。膨大な量の歌とダンスを覚えるだけではなく、振付やコーラスの注意点を細かく理解している彼女は、方々から頼られて大忙しであった。

「自分自身に厳しいのは、性格ですね！　でも、納得いくまで突き詰めたいだけで、無理してやってたわけじゃない。その結果、下級生が私の努力を認めてくれていたなら、嬉しいですね。やるべきことをやらない上級生には、誰も付いて来ないから」

香綾さんが皆から慕われていたのには、他にも理由があった。厳格な実力派でありながら、常にユーモアを忘れない。それはユーモアというか、相手が思わず声を出して笑ってしまうほどの「芸」だった。

舞台袖では出番ぎりぎりまで全力で変な踊りをおどり、忙しい早変わりの合間でも一発芸を欠かさない。暇さえあればふざけているのに、一歩舞台に出れば完璧な演技を見せる……彼女のそんな一面に、生徒だけでなくスタッフの皆さんも魅了されていた（たまにやり過ぎて、叱られることもあったが）。

「誰かが見ていてくれる限り、私は必ず何かをする」。一流スターの名言かと思いきや、舞台袖や楽屋での悪ふざけについてのコメントだ。

そう。彼女を語る上で欠かせない要素が「笑い」だ。なかでも公演ごとに催される宴会の余興では、尋常ならざる才能を発揮した。「小さなバイオリンを持った葉加瀬太郎さん」「鬘も衣装も手作りのライオンキング」など、数々の名キャラクターが雪組宴会の歴史に残っている。

「余興で何を見せたいか、どう聞かせたいのか、ポイントを確実に押さえること。コレ、すべてに繋がるから、ほんと大事！」

しょうもない話題の中でも、きらりと光る発言だ。

スターである前に役者である

余興のキャラクターを作る時、最初にその役に抱いたイメージを大切に突き進むという香綾さん。これは、お芝居の役作りでも同じだという。

初めて台本に目を通すお稽古である「本読み」。彼女は、この段階ですでに、役の人物像を的確にとらえる役者だった。だからお稽古に迷いがなく、完成度の高い演技ができる。

様々なお話を聞く中で、彼女が唯一「苦手です」と語ったことがあった。

「役の生い立ちや性格の設定を決めること。私は、全然できなかった。これがきちんとできる人を、本当にすごいと思っていました」

それでも、お芝居が巧い。それが、香綾しずるの凄まじさだ。

宝塚の作品は歴史的な事柄を扱ったものが多く、役を膨らませるためにその人物が生きた時代や国について研究し、役のプロフィールを細かく設定する人は多いのだが、

「時代背景は調べない。そういうことに、興味がないんですよ、結局」

香綾さんはいつも、手渡された一冊の台本から人物を作り出していた。直感を大切に、演じる人物をどれだけ作中で活かせるか。そんなふうに、お芝居に挑戦していた。

「私は自分の役について質問されると適当に答えちゃうし、舞台に出たら設定なんて全部忘れて感覚だけ。なんにも考えられないんです」

自分では「適当」と言いながら、演じるキャラクターは完璧に近い形で心身に叩き込まれている。

「真ん中にいる人は、印象に残って当たり前。私はどんなに目立たない役をやっても、『あの役の人、良かったね』と言われるようになりたかったんです。お客様が劇場を出る時に、たとえ役名は覚えていなくても、『あの役、素敵だった』って思われる人になりたかった」

香綾さんが演じた様々な人物の中で、忘れられない役のひとつが2015年の「星逢一夜《ほしあいひとよ》」の鈴虫だ。早霧せいなさん演じる主人公・天野晴興《あまのはるおき》の、養育係の老人役だった。この役は、本番の舞台に立った後に心情が変化した、香綾さんにとって珍しい役であった。

「舞台で自分たちだけの世界が生まれた時に、お稽古場よりも役の思いをより感じやすくなりました」

早霧さんの晴興が、舞台で一段と真に迫る表情を醸し出すと、その演技に引き込まれるように、鈴虫のあり方も進化していったという。晴興へ注がれる肉親のような慈愛が色濃く表現され、悲劇的な世界観にあたたかみとやわらかい切なさを生んだ。

苦労もあったがその分思い入れの強い作品となった「星逢一夜」は、のちに中日劇場で再演され、その際香綾さんは徳川吉宗を演じた。お芝居の土台となる役者を目指していた彼女にふさわしい大役だ。ただならぬ風格と、感情を抑えた芝居に滲む悲しみが鮮烈だったその演技は、観客に絶賛された。

香綾さんはそれからも、「星逢一夜」の二役のように、自分にしかできない役を追い求めていく。そして卒業間近、14年間培った実力と貫き通した信念を注ぎ込める役に巡り合う。

「『ドン・ジュアン』の亡霊役。あれこそ、私がやりたかった役どころでした」

愛を知らない男ドン・ジュアンを翻弄し、愛と破滅へ誘う亡き騎士団長は、観た人の間で大きな話題となった。

「直感のままに演じて、〝印象に残る役〟と言われたのは本当に嬉しかったなあ」

美しさを追求する宝塚の舞台では前代未聞といえるほど、強烈なメイクだった。生気のない白い顔色、曲がった鼻筋、顔面を斜めに横切る大きな傷……。そんな風貌の亡霊が、客席だけではなく出演者をも激しく煽るように、フラメンコを踊る。

舞台に姿を現した恐ろしい亡霊は、圧倒的な存在感で作品全体に強烈な意味合いを持たせた。私自身、同じ舞台に立っていても亡霊が放つ雰囲気に大きな影響を受け、特に歌声が聞こえるとその世界に引きずり込まれるような感覚を味わった。

「お稽古場も舞台も、とにかく楽しい作品でしたね。出演者もみんな生き生きしていたし」

そうなのだ。研ぎ澄まされた集中力が必要とされるこの作品でさえ、舞台袖ではひょうきんな亡霊がみんなを毎日笑わせていた。誰かの写真にわざと写り込んで心霊写真を捏造したり(亡霊の姿なので、本気で怖い)、他の人のナンバーをノリノリで歌ったり、ふざけたい放題の香綾さんであった。

宝塚時代から、香綾さんがよく言っていた言葉が「継続は力なり」だ。努力したことは、すべて自分の身になる。この信念のもと、ひたすらお稽古を重ねて実力を磨いた。

卒業して単身ベトナムへ渡った時、そこが新たな「継続」のスタート地点であり、また宝塚から「継続」したことの成果でもあった。

「ベトナムで日本語を教えていた生徒が、今は日本で立派に働いている。そういう姿を見るとやっぱり継続は力なり、と思いますね」

「継続」は口で言うほど簡単ではないし、誰にでもできることではない。だが、目の前の現実や日々の感情に振り回されず忍耐を続けるという苦しいイメージは、次の言葉で雲が晴れるように変わってしまった。

「今のお仕事も楽しいですよ。楽しくないと、続けられないもん」

彼女は、「継続は力なり」を全力で楽しんでいる。同じことの繰り返しにも好奇心を光らせ、いつも何かに興味を惹かれているのだ。

「辛いことがあっても、寝たら忘れる。なんとかなる！と思えるので、引きずらないんです」

進み続け、楽しみ続ける

長い歴史と伝統を重んじる宝塚の中にいても、価値観がぶれたり自分の気持ちを見失わなかった香綾さんは、卒業後も「元タカラヅカです」と声高に自己紹介することはなかった。

宝塚の素晴らしさを心底理解して楽しみ尽くしたからこそ、「男役・香綾しずる」を誰も知らない世界へ飛び込むことに迷いはなかった。今はもう、再び舞台に立つことは全く考えていない。新たな世界で、まだまだやるべきことが彼女の前に広がっている。

日本アジア青年交流協会の仕事は、外国人技能実習生が日本で就職すれば終わりというわけではない。むしろ、ここからが重要だ。

こまめな監査、報告書の作成、企業と実習生の双方への丁寧なヒアリングで、些細なことでも問題点を洗い出して相談にのる。昨今は新型コロナウイルスの感染拡大により、海外渡航の中止や制限など大きな影響を受けたため、より親身なケアが必要だ。

香綾さんをはじめ協会の人たちは、最近メディアで取り沙汰される外国人技能実習生が関与した事件の報道のされ方に、もどかしさを感じている。犯罪に手を染める人はほんの一握りだと、彼女は強く訴える。香綾さんが関わったベトナム人の若者は、みんな真面目で誠実だったからだ。

「日本に入国後も、頼りになる監理団体の人間がしっかり彼らに向き合えば、悪事に関わる若者は確実に減ります」

その言葉は、生徒1人1人と対話を重ねて見守ってきた実体験に裏打ちされている。技能実習生の能力の高さと真摯に学ぶ姿勢が評価され、人材育成の意識の高い優良な企業がこの制度に参加するようになった。しかし残念ながら、外国人を単なる労働者としてしか見ようとしない企業もあるのが現状だという。

日本の技術や知識を会得したベトナムの若者が母国へ戻り、より豊かで平和な社会を作る力となる。その目標を達成するためには、彼らを受け入れ、ともに働く日本の人たちの理解が必要だ。

「事件のニュースだけを見て外国人技能実習生に悪いイメージを持たないでほしいと、お伝えしたいんです。彼らはみんな意欲的に勉強して、一生懸命に働いています」

そう話す香綾さんの瞳に、「元タカラジェンヌ」という肩書は見えなかった。それは国際交流の一端を担い、若者の夢を叶えるために奮闘する、ひとりの誠実な社会人の瞳だった。


取材中ずっと、宝塚時代の話よりも、自分自身を語るよりも、香綾さんが強く熱く話したのはベトナムの技能実習生のことだった。宝塚で過ごした時間を懐かしく思い出しながらも、彼女は今、向き合う仕事と支えるべき人たちに心血を注いでいる。

新たな人生を歩き出した香綾さんに、質問をした。香綾しずるにとって、宝塚はどんな場所？

「自分の人生をつくってくれた場所。私の生き方の基盤が出来上がったのが、宝塚という所です」

久しぶりに再会した香綾さんは、パンツスーツに身を包み、慣れた手つきで名刺を差し出してくれた。そこに書かれていたのは、芸名ではなく本名だった。

芸事を極めた宝塚の世界を飛び出して、新天地で新たな挑戦が続く日々を送っている。それでいてなお、香綾さんは「もっと色々な経験がしたい」と言い切る。

「まだまだ、視野を広げたい。たくさんの人と関わりたいし、楽しみたいな」

「生きるって、楽しいですよ」

取材の最後に放たれたこの言葉は、ありふれた飾りではない。そしてまた、深い意味もない。本人曰く「特に何も考えていない」。

香綾さんは、生きることを楽しむ才能に溢れている。

鳳真由

［大学生］

宝塚から医療大学へ

大学の授業で分からないことがあると、彼女は1人で図書館にこもる。親切な先生や頼りになる友達もいる。周囲と打ち解けやすい気さくさを持ち合わせている彼女だが、学業について誰かに質問することはまれだ。

「私の癖なんです。人に訊くよりも、自分で深く探っていくのが面白くなっちゃう」

昔からそうだった。たとえば、宝塚音楽学校時代のことだ。彼女は、タップダンスがなかなか上達しないことに悩んでいた。苦手科目の克服のため、音楽学校の生徒は休み時間や放課後に自主練習をしたり個人でレッスンに通ったりと、努力を重ねる。長期の休暇も遊ぶための期間ではなく、集中的に芸事を磨く機会なのだ。

その長期休暇を迎えた彼女は、突如、アクリル板を買って東京の実家に帰った。床を傷つけないようにとタップダンス用のマットの代わりにアクリル板を自室の床に敷き、その上でひたすらステップを繰り返したのだ。

「家でタップダンスしている私を、家族は放置してました。またやってるわーって」

鳳《おおとり》真由《まゆ》さん。東京都小平市出身、愛称は、「ふじP」。すらりとしたスタイルと表情豊かなパフォーマンスで人気を集めただけでなく、深い考察をもとに役を作り上げる感性は各作品で注目され、花組の若手男役として長年重要なポジションを担った。

２０１６年に宝塚を卒業した後は、国際医療福祉大学に進学し、医療に関する幅広い分野について学んでいる。

鳳さんが在籍していた花組は、百花繚乱とも言うべき多彩な男役さんたちが芸と人気を競い合っていた。その真っ只中にいたわけだが、劇団で時折見かけた彼女の姿には「ライバルたちと火花を散らすスター」とは異なる趣があった。

「なぜ、あんなに楽しそうなのだろう？」

「いつも仲間に囲まれている、ふじPさんってどんな人？」

私がずっと抱いていた疑問は、彼女の言葉によって解き明かされていった。その芸名の通り、「まっすぐ、自由に」というのびやかな言葉を掲げて過ごした宝塚での日々は、彼女を取り巻く人たちの心を惹きつけてやまない魅力に溢れていた。

「悔しさ」をバネにしない

宝塚のファンだった祖母と母の影響で、鳳さんは物心つく前から宝塚歌劇に慣れ親しんでいた。好きだからこそ遠い世界に感じられた宝塚だったが、中学生になると「自分もあの舞台に立ちたい」と思うようになった。

幼い頃からクラシックバレエを習っていたとはいえ、宝塚音楽学校は簡単に合格できる所ではない。最大4回まで受験できるものの、より真剣に打ち込むため一度だけの受験を決意した鳳さんは、レッスンに心血を注いだ。そのうち、なんとしても合格したいと燃える彼女の気持ちは、レッスンに励むだけでは抑えきれなくなっていた。

ある日彼女が向かった先は、高幡《たかはた》不動尊だった。お昼過ぎまで学校を休んで、山内八十八ヶ所巡りを決行したのだ。必死さゆえの行動とはいえ、この頃から周囲の人の意表を突く少女だったことは間違いない。

八十八ヶ所巡りと努力の甲斐があり、高校1年生の時に一度目の受験で、彼女は合格を果たした。上下関係や芸事の厳しさで知られる宝塚音楽学校での、2年間の生活が始まったのだ。

音楽学校の生徒たちは入学後も定期的に試験を受け、激しい成績争いを経験する。合格という夢を実現させても早速挫折感を味わう生徒もたくさんいるのだが、鳳さんは違った。

宝塚受験の時、両親は厳しい道を選んだ娘を心配こそしたものの、応援してくれた。それも、「受かっても受からなくても、とにかく挑戦してみたら良い」という、結果にこだわらない姿勢で。はじめから将来を決めつけない両親の励ましは、鳳さんをゆとりのある気持ちで受験に向かわせてくれた。その結果、実力を最大限に発揮することができた彼女は、そのまま心のゆとりを失うことなく宝塚の世界に飛び込んだ。

だから、芸事に秀でた同期生を見ても、悔しいという気持ちを感じなかった。苦手な科目の順位も、あまり気にしなかった。優秀な同期生を羨むどころか「生まれ変わったら、あんな風になりたいなと思った」というから、呆れるよりも驚いてしまう。

「ガッツがある人、成績の上の順位を勝ち取っていく人を見ると、格好良いなと思いました。私には、そこまでの闘志が芽生えなかったから」

そう語る鳳さんだが、それは決して消極的な思考ではなかった。


受験を勝ち抜いたものの、入学当初からそれぞれの実力には差がある。私もそうだったように、自分以外の同期生は優れて見えるものだ。毎日ともに歌い踊り、優等生と自らを比べずにはいられない環境において、まだ10代の女性が、他人に左右されずに自分を見つめるのは並大抵の胆力ではできないことだ。

鳳さんにとって、形だけの「やる気」は必要なかったのだろう。人と同じやり方で安心するよりも、自分がより向上する方法を見つけることが大切だと無意識に感じていたのかもしれない。心のゆとりがあった鳳さんは、自分自身に集中することができた。

また、意地やプライドを他人にぶつけることのない鳳さんは、同期生たちから慕われ、厳しい学校生活でも自分のペースを保って着実に努力の成果を出した。興味を持って打ち込んだ演劇の成績は、常に上位。自分自身と真摯に向き合って、中身の濃い2年間を過ごした。

「ああ！　男役さんだ！」って言われたい

２００５年、鳳さんは91期生として宝塚歌劇団に入団した。花組公演「マラケシュ・紅の墓標」「エンター・ザ・レビュー」で初舞台を踏み、そのまま花組に配属された。

初舞台生の多くは「理想のタカラジェンヌ」を思い描き、その姿を目指して努力するものだ。宝塚では、群舞の中で踊るポジションや、出番の多さなどによって、具体的な立ち位置が見えやすいから、目標を持ちやすいということもある。大劇場でソロを歌う娘役になりたい。ダンスの場面で活躍したい。悪役が似合うシャープな男役になりたい……など。

自宅でタップダンスのステップを踏み鳴らしたほど、お稽古熱心な鳳さんである。実力を磨くため、堅実な目標を立てていたことだろう。そんな私の予想は、彼女の言葉で覆された。彼女の理想の男役像は、一風変わっていたのだ。

「宝塚大橋（宝塚大劇場の近くの橋）を、キャスケットを被って、ちょっと裾の広がったズボンで颯爽と歩いて『ああ！　男役さんだ！』って言われたいな」

可愛らしさもある整った顔立ちにすらっとしたスタイルが魅力の、彼女である。入団してすぐに、ただ通勤するだけでその夢は叶った。

若かりし自分を「浅はかですよね……」とため息混じりに振り返る。思わず笑ってしまうが、実はここに彼女の非凡さが表れている。

豪華絢爛な舞台の初日までは、地道なお稽古の日々が続く。休日までレッスンに通い、報われるかどうか分からない努力を続けるためには、揺るがない原動力が必要だ。「台詞をたくさん貫いたい」、「目立つ役をやりたい」ということのみが目標になると、向上心が高まる一方で、その理想に届かない時期は落ち込んでしまう。それでも自分を追い込んで成長していく人もいるのだが、低迷する時期が長いと夢を諦めてしまうこともある。

それに対して、鳳さんにとっての男役は、佇まいそのものが格好良い存在。宝塚ファン時代から心に焼き付いていた理想像は、自らが男役となった後も、決してぶれなかった。「男役である」だけでわくわくと心躍らせていた彼女は、もしかして最も宝塚に向いている人だったのかもしれない。

宝塚にある5つの組には、それぞれのカラーがある。鳳さんが入った頃の花組といえば、華やかな男役を中心にエネルギッシュな舞台を観せる組だった。特に「花男《はなおとこ》」という通称があるほどに、「花組の男役たるもの」というプライドや理想が受け継がれているのだ。

その花組・男役の一員になった彼女は、先輩たちについて行く……というか、否応なく巻き込まれていった。

お稽古中も、男役さんは幾度も集まり、ダンスの振りや見せ方を研究する。そしてお稽古が早く終わると、男役たちだけで食事へ行くこともしょっちゅうだった。しゃぶしゃぶを食べる時は4、5人で10人前のお肉をざーっと平らげ、その後は男役について語り合う。「男役はこうあるべき！」とひたすら熱い議論を続ける上級生たちの横で、鳳さんだけはお肉に夢中だった。

一人前の顔で男役談義に加わっていたつもりだったが、今思えば上級生に引っ張ってもらっていたと、懐かしそうに話す。そこで彼女は不意に真顔になり、身を乗り出した。

「でも、生まれた時からぎらぎらした男役の人なんて、いないでしょ」

「花男」の看板を背負った素敵なスターさんも、最初はみんな鳳さんと同じ男役初心者だったはずだ。「男役は常に格好良く！」というスローガンをみんなで共有して、どんどん実行に移す。そうやって、花組の男役という伝統が作られていったのでは、と彼女は分析する。そして、ライバル同士でもある仲間たちと励ましあえる環境は、大きな刺激を与えてくれた。

「熱い男役談義の中で、よくもらい泣きしていました。私って熱い人だと言われていたけど、実は熱い人の影響を受けていただけなんですよ……」

挑戦のとき

マイペースではあるが研鑽を積みながら、鳳さんは自分の立ち位置を冷静に見つめていた。「一生懸命に努力をしても研3までに納得のいく役を貰えなかったら、早々に宝塚を卒業しよう」と考えていた、まさにその研3の終わりに、バウホール公演「蒼いくちづけ」で2番手の役を掴んだ。

続いて、2009年「太王四神記《たいおうしじんき》」の新人公演ではヨン・ホゲという大役を射止める。無我夢中で挑んだ彼女はその後、さらに大きなチャンスに恵まれた。2010年「虞美人」の新人公演で、初めて主役に抜擢されたのだ。

本役である当時のトップスターは、宝塚に入る前から大ファンであった真飛聖《まとぶせい》さんだったが、喜んでばかりはいられなかった。責任ある立場での大舞台を前に、鳳さんは並々ならぬ覚悟を決めた。やるとなったら、とことんやる。公演当日まで、1分たりとも無駄にしないという集中力が漲《みなぎ》った。

振付や動きの決まりだけにとどまらず、男役としてのあり方をも学びたいと真飛さんに必死に食らいついていった。新人公演の主役が大変なのは当たり前と言わんばかりに、一切の甘えを許さない真飛さんは、本公演も新人公演のお稽古も「できて当然のこと」として指導された。

本公演の後に毎晩遅くまでお稽古に励み、ゆっくり寝る間もなく翌日の舞台に立ち、休日もレッスンに通う……そんな日々を続けているうちに、とうとう声が嗄《か》れてしまった。それでも、かすれた声を絞り出して台詞を叫んだ。新人公演をやり遂げたらどうなっても良いと思うほど、鳳さんは自分自身を追い込んだ。

そして迎えた、新人公演当日。彼女のお化粧前（楽屋のドレッサー）には、真飛さんの字で「がんばれ」と書かれたメモが貼られていた。厳しい態度で鳳さんを指導し続けた真飛さんは、鳳さんの熱意と努力を認め、誰よりも気に掛けていたのではないだろうか。

「本番前なのに、もう大号泣ですよ！」

大切な新人公演を前に涙でメイクが崩れた彼女を想像するとあまりに健気で、でも可笑しくて、つい笑ってしまう。そんな私の気も知らず、

「ああ、思い出したら、今も泣きそう……」

鳳さんは、眉毛を八の字にして呟いた。

目指すのはトップスターではない

新人公演の初主役を見事に果たした鳳さんはその後、2011年の「ファントム」、2012年の「復活―恋が終わり、愛が残った―」の2作でも新人公演の主演に選ばれ、本公演でも華やかな見せ場を貰うようになった。

新人公演の主役をつとめると、行く行くはトップスターに就任する可能性が見えてくる。劇団から、そしてファンからも、トップスター就任への期待が膨らんでいるのを感じていた。だが、それは彼女の目標ではなかった。

「私は、ただ目の前のやるべきことに向かうだけで精一杯でした。『次はもっと上のポジションへ』というステップを、自分では構築できていなかったんです」

子どもの頃に魅了されたタカラジェンヌは、舞台から夢を届ける特別な存在だった。トップスターだから、目立つ役だからという理由でタカラジェンヌに憧れたわけではない鳳さんは、与えられた役、仲間たちと作り上げる舞台そのものに強烈なやりがいを感じていた。言い換えれば、歌劇団の中で脚光を浴びることに興味がなかったのだ。

生徒は全員、トップになりたいと思っているのかな？と、彼女は首を傾《かし》げながら話す。

「人それぞれだと思うけど……そうじゃない人もいますよね。私がそうだったしなあ」

その頃の宝塚は、生徒の組替えがあったり、新たに若手の男役スターが活躍し始めたりと、花組を含めて変化の時期を迎えていた。

「正直に言って、もう私は必要ないのかな、と感じました。他のスターさんをどかしてまで活躍したいとは思わなかったし、このまま宝塚にいるのは迷惑になるかも、と思いましたね」

そう、鳳さんは淡々と語った。その表情に少しも悲哀が滲んでいないのは、当時の彼女が、男役として演技することを心から楽しんでいたからだろう。誰も思い付かないようなアイディアを連発する鳳さんは、スターの立場としてではなく、1人の舞台人として花組の中で存在感を示していった。


宝塚では、生徒だけで行う自主稽古で、上級生がその場面やナンバーをしっかりまとめていく。叱られることの多い下級生たちにとっては緊張の時間でもあるのだが、鳳さんのダンスの指導はこうだった。

「この曲のはじめは寝起き、次のパートでは二度寝して、ここでもう一度目を覚ます。ああでも、日曜日の朝だな〜って感じでやってみよう」

真面目な顔で姿勢を正していた下級生たちが思わず吹き出してしまうようなアドバイスだが、その場面で出すべきカラーや、お稽古場の雰囲気をよく見ている鳳さんならではの表現だ。

「振付の形だけを揃えるより、みんなで共通のイメージを持った方が息を合わせやすいと思ったんです。ダンスを振付通りにきっちり揃えたいタイプの生徒にとっては、少々不可解なお稽古だったかもしれませんが」

そう言って鳳さんは笑い半分、気まずそうな表情を浮かべた。だが、時には遊びのような感覚で練習して、場面全体が活気づくのはとても大切なことなのだ。あまりに楽しそうな自主稽古の様子に、参加した人たちが羨ましくなってしまった。

霊に取り憑かれたふじP事件

新人公演を卒業した鳳さんは、2012年のバウホール公演「Victorian Jazz」で2番手役のアーサー・コナン・ドイルを感情豊かに演じ、物語を大きく動かす役割を果たした。

上級生として力強く舞台を支えた鳳さんだったが、実は公演メンバー全員の記憶に残る事件を起こしていた。

毎晩遅くまでお稽古に励んでいたために、体が疲れ切っていたのだろう。稽古期間も終盤に近づいた頃、大切な通し稽古の日に、なんと大寝坊をしてしまったのだ。

「12時からお稽古なのに、起きたら12時3分〜」

他の職業と同じく、いや、舞台に関わる仕事はなおさら時間厳守だというのに。しかも演出家や大勢のスタッフ、劇団関係者も見学する通し稽古の日だ。私だったら生きた心地がしないだろう。

アーサー・コナン・ドイルは降霊術を信じている人物で、作中には心霊に関する場面もあった。初日に向けて公演に集中していたせいだろうか、他の出演者たちは何度電話をかけても連絡が取れない鳳さんを心配し、「ふじPが来ないのは、霊に取り憑かれたせいに違いない……！」と大騒ぎになった。鳳さんの無事を祈りながら、スタッフの方々には彼女の不在をなんとか隠そうとみんなで画策していたところに、泣きべそをかいた鳳さんが「すみませんでした！」と叫びながら飛び込んで来た——。

この作品の出演者たちが、いまだに思い出しては大笑いする「霊に取り憑かれたふじP事件」。当の本人は、なにやら遠い眼差しで語る。

「1203。一生忘れられません。あの、衝撃の数字を……」

まるで己のターニングポイントのように語っているが、それは寝ぼけ眼《まなこ》で見たデジタル時計の数字、大寝坊の時刻を格好良く言っているだけである。

許されるはずのない大失敗が、伝説の爆笑エピソードとして語り継がれてしまうとは。鳳さんが仲間やスタッフから愛された、この作品のムードメーカーであったことが窺い知れる。

武器はイマジネイション！

スターである自分にこだわらないからこそ、どんな役を演じても思い切り「鳳真由」の色を見せられる。そんな彼女の強みが発揮された作品が、2013年の「オーシャンズ11」だった。

彼女が演じたリビングストン・デルは、巨大金庫の強盗計画の仲間となる、通信技術の専門家だ。大きくカールした金髪に縁が太い眼鏡をかけ、オドオドしながらいつもパソコンを覗き込んでいる。そんな奇抜なキャラクターを、鳳さんは人間味ある親しみやすい青年として作り上げた。

首に大きなヘッドホンをかけ、ラップ調で自己紹介するリビングストン——厳しいことで知られる演出家の先生は、彼女が演じた登場シーンのオリジナリティを高く評価し、一目でＯＫを出したそうだ。

また、カラフルな衣装で踊るフィナーレ（本編のお芝居が終わった後の、短いレビューシーン）の場面では、「カカオ工場のチョコレートたち」という設定で踊ろうと提案して、出演メンバーの若手男役たちは大いに盛り上がったという。

「どうやったら自分なりに理解できるかと考えるところは、アクリル板でタップダンスを練習した時から変わってないですね」

そしてその取り組み方は、大学に入ってからもどんどん発展している。

「がん細胞とアドリアマイシンの関係性の説明が難しかったので、イラストに置き換えた資料を作ったんです」

突如として飛び出した専門用語に怯《ひる》んだものの、鳳さん作のイラストで描かれた図を見せてもらうと、無知な私でも途端に興味を惹かれた。カラフルな細胞や、可愛らしい形になった薬の二重螺旋構造……にこにこ顔の細胞を見ているうちに、難しい事柄がすっと頭に入ってくる。

彼女の作った資料に感心した先生の勧めで、オンライン授業での発表に自作のイラストを用いることになったという。

常識を突き破る、「鳳真由」の発想力。その独創性は、宝塚の世界を飛び出してからも、さらに活かされている。

もっと宝塚を好きになる

「真の意味で挫折を味わったのが、『エリザベート』でした」

それは2014年、彼女が研10の時だった。主要な役どころを決めるオーディションの結果、鳳さんは希望した役に選ばれなかった。「エリザベート」はファンとして観ていた初演の時から大好きな作品だっただけに、深く落ち込んだという。

音楽学校に入学した時から、鳳さんは目の前のことに淡々と、だが懸命に取り組んできた。この時に彼女が感じた悔しさは、1人では答えを出せない難問のように重くのしかかったのではないだろうか。そんな苦しい思いに耳を傾けてくれたのは、上級生の男役、瀬戸《せと》かずやさんだった。

「もうここで男役をやる意味はないのかもしれない」と本音を吐露した鳳さんに、瀬戸さんは思いがけない言葉を返してくれた。

それは、鳳さんが新人公演の初主演を果たした時のこと。瀬戸さんは、下級生である鳳さんを支える立場だった。その時に、鳳さんからこんな言葉を掛けられた。

「まだ、やめないでください。お願いします。これからも一緒に頑張っていきたいです」

ライバルという立場を超えてまっすぐに届いた鳳さんのこの言葉を、瀬戸さんはずっと覚えていた。そして、この言葉が今まで自分を支えてくれたんだと、やりがいを失いかけていた鳳さんへ同じように贈ってくれたのだ。

下級生の頃から熱く語り合い、同じ舞台で闘ってきた1学年上の瀬戸さん。尊敬する同志からの言葉は、折れかけていた鳳さんの心をしゃきっと立て直した。

嫌なことから逃げるように退団するのではなく、大好きな宝塚をもっと大好きになって卒業したい。いや、そうしなくてはならない。仲間とともに頑張ってきた時間を嫌いになるわけにはいかない、と。

それから、かつて自分がスターとして抜擢された時のことを思い返した。その陰には、今の鳳さんと同じように挫折を味わい、それでも踏み止まって努力を続けた人たちがいたはずだ。

「みんなのおかげで舞台に立てたと思うと……私が簡単に諦めるわけにはいかないと、思い直したんです」

宝塚の舞台に立つ意味を再び摑んだ彼女は、もう落ち込んではいなかった。ひとたび気持ちを切り替えると、持ち前の集中力で舞台を楽しむだけだった。憧れだった「エリザベート」の楽曲を歌えることそのものが、心底嬉しい。名作の舞台に参加できる毎日に喜びを感じ、充実した公演期間を過ごしたという。

ただただ男役に憧れてこの世界に飛び込んだ1人の少女の純粋な意志は、少しずつ鍛えられ、いつしかしなやかに舞台人・鳳真由を支えるものになっていた。

当時雪組に在籍していた私にとって、「鳳真由さん」は不思議なスターさんだった。キザで

鳳真由

パワフルな男役が競い合っている花組で、彼女はいつもにこにこと楽しそうにしていた。

ほんわかとした優しげな雰囲気が舞台に立てば一変、どんな役でもこなしてしまう。冷徹で鋭い眼差しの男を繊細に演じたかと思うと、コミカルな役になれば大胆なアクションで笑いを誘う。舞台で生き生きと演じる彼女を見つけるのが、花組観劇の楽しみだった。

幅広い役柄を演じるために、鳳さんはどうやって役を作り上げていたのか。以前からずっと聞いてみたかった質問の答えは、予想以上に個性的だった。

「その役の誕生日を決めて、誕生日占いを調べる。それで、その占い通りの性格を当てはめちゃう」

初めて台本を読んだ時の印象を重んじていた彼女は、自分の役作りに迷うことは少なかったという。だからこの方法は、役の人物像を作れないと悩んでいる下級生に、彼女がアドバイスしていたことだそうだ。

驚くようなやり方だが、実はとても理にかなっている。具体的なイメージが湧く上に、生徒自身が納得して役作りを楽しむうちに、自然と迷いがなくなる方法だ。

さらに、私が思わず心を撃ち抜かれてしまったのは、この言葉だった。

「男役として常に心がけていたのは、いつも本気で娘役さんを愛することです」

娘役とのペアダンスでは、自分が上手く踊るより「相手が安心して踊れるように」と気を付けていたという。

「今は、大学の同級生に『髪型、可愛いね』とか言ってしまうんです」

これこそが「花組・男役あるある」だ。舞台の外でも男役は男くさく、娘役の可愛らしさに目をとめる――そんな自分自身の言動に、照れることはなかったのだろうか。

「花組では、格好つけることに照れている場合じゃなかったんですよ。男役たるもの、キザるのは義務だ！って思ってお稽古していました」

背中を押してくれた人

「エリザベート」以降、後ろ向きな気持ちはなくなったものの、宝塚を卒業する時期が近づいたと感じ始めていた。卒業というゴールが見えたことで、彼女はますますお稽古や公演に打ち込んだ。

「それまでは、次々と公演をやることが当たり前で、無限の食べ放題みたいだった。いつかは終わりが来るんだって思うと、すごく名残惜しくて、『今』が大切だと心から思いました」

タカラジェンヌになるという大きな夢を叶えてから満ち足りた日々を送るなかで、鳳さんは小さい頃から憧れていたもう一つの夢、「医療」の道に心惹かれていく。最後に背中を押してくれたのは、尊敬する祖父だったという。

祖父が亡くなる少し前に、ちょうど宝塚の卒業を考えていた彼女は、お見舞いに行った病室で「医療系の勉強をしようかな」と何気なく話したそうだ。

「祖父はその時もうあまり会話ができなくなっていたのに、『それがいい』って、はっきりと私を見て言ってくれたんです。その一言で、心が決まりました」

医療に携わっていた鳳さんの祖父は、経営や経済など多方面の知識が豊富な方であった。幅広い知識を役立てて、医療の分野で人のために力を尽くす。そんな祖父の生き方に、彼女は子どもの頃から憧れていた。

鳳さんは卒業公演のお稽古をこなしながら、少しずつ大学受験の準備を始めた。体力的にかなり大変だったはずだが、かえって心身のバランスが取れたそうだ。

「大好きな宝塚には、強い思い入れがありました。自分の生き霊を置いてきちゃうくらい！　でも、次の道が見えたことで心が軽くなったというのかな。宝塚にいることが、舞台に立つことが、改めて楽しいと思えたんです」

清々しい気持ちで迎えた卒業公演、２０１６年の「ME AND MY GIRL」を、「とにかく楽しかった」と振り返る。

彼女が役替わりで演じた、由緒正しいヘアフォード家の弁護士・パーチェスターは、上演されるたびに芸達者な役者が演じてきた役だ。鳳さんのパーチェスターは、何度も再演されているこの作品に新しい驚きをもたらした。

生真面目な顔つきで軽快に動き回り、神妙な台詞回しが可笑しみを感じさせる。パーチェスターが少し動けば観客は自然と目で追いかけ、笑い声を上げた。

「生き霊を置いてきてしまうほど」宝塚が好きだと、鳳さんは語った。苦しい挫折や葛藤に押し潰されそうになっても、彼女は決して宝塚を嫌いにはならなかった。

憧れを形にするため歩んだ道は険しかったはずだが、鳳さんにとってはまっすぐに続く、ただ一本の道であった。進み続けることに迷いはなく、男役を追究する日々はただただ楽しかったのだ。

子どもの頃、瞳を輝かせた鳳さんが客席から見つめていたように、彼女のパーチェスターは観客の目を釘付けにしていた。それは立場や役柄にとらわれることなく、確かに夢を実現したタカラジェンヌの姿だった。

明るい笑顔を交わし合い、多くのファンと仲間から惜しまれつつ、鳳さんは次の世界へと歩き出した。

宝塚を卒業した後も、彼女が目指す道は明確であり続けた。敬愛した祖父の姿を追いかけ、粘り強い努力を重ねた鳳さんの新たな夢は、実を結ぶ。2018年、国際医療福祉大学に合格した彼女は、未知の世界へ足を踏み入れた。

キャンパスライフとカルチャーショック

取材中にカメラを向けられた鳳さんは、「久しぶりで緊張します」とはにかんだ。そう言いつつ素早くポーズを決める動きに、かつての男役姿が垣間見える。近代的な校舎の中を歩く彼女は、行き交う先生や生徒と、時折気軽に挨拶を交わす。教室のフロアを案内してくれる姿は、溌剌とした学生そのものだった。

宝塚歌劇団で11年間を過ごしてから大学に入学した鳳さんと他の同級生とは、年齢も経歴も

かなり異なる。友人ができるとは思っていなかった鳳さんは、学生生活を楽しむことより学業に専念するつもりだったのだが、

「意外なことに、たくさん友達ができたんですよ。それでちゃっかり演劇サークルを立ち上げて、宝塚の映像をみんなで観て楽しんでいます。時には本気で喧嘩することもありますよ」

大学で本音を言い合える友達に恵まれたと、嬉しそうに鳳さんは語る。

「宝塚では、たとえばみんなが同じ高さまで足を上げなきゃいけない。でも大学では、無理をして他人に合わせるより自分のペースで学ぶことが大切なんですよね。そんな当たり前のことも、新しくできた友人たちから教わりました」

宝塚で学んだ価値観に、鳳さんは固執しない。「自分が今、何をするべきか」を自分の意思で選び取ることができる……そんな彼女の気質が、戸惑いを乗り越えて新たな世界に飛び込んでいく力となった。


2021年春、鳳さんは再び大きなステージに立った。宝塚のOGが現役時代に縁のあった本作の役を演じる「エリザベート　TAKARAZUKA 25周年スペシャル・ガラ・コンサート」で、オーストリア皇帝フランツ・ヨーゼフ役にキャスティングされたのだ。宝塚の「エリザベート」では男役の2番手スターが演じるこの大役に、未経験のキャストが選ばれるのは、異例とも言える出来事だった。

「そりゃあもう、一世一代の大舞台ですよ！　できるかな？よりも、やるしかない！と。なん

だか、新人公演の時と同じ感覚を思い出しました」

しかもお稽古の始まる前日、鳳さんがかねてから目標に掲げていた診療情報管理士の資格試験があった。試験が終わるまでは勉強に集中し、お稽古場では自分の実力不足に悩みながらも、彼女独自のフランツ像を考え続けた。その上ダイエットにも励んだ結果、現役の頃を彷彿とさせる美しさはもちろん、知的で、優しさゆえに憂いを帯びた皇帝フランツを作り上げた。それはまさに、鳳さんならではのフランツだった。

一般的なミュージカルとは違うガラコンサートの空気感を、舞台上の鳳さんはしっかりととらえた。情感がありながら力みのない演技が、作品の世界観を伝えていた。

東京公演は無観客でのライブ配信となったが、終演後、信じられないほど多くの方が視聴して下さったと知り、じわじわと感激がこみ上げたという。

「エリザベート」は、鳳さんが宝塚時代に悔しさを味わった作品だ。あの時、それでも懸命に舞台に立ち続け、逆境から立ち直った。

その日々があったからこそ、医療の道へ進んでからも「エリザベート」の舞台に再び巡り会えたのだと、私には思えてならない。一途に夢を追い続ける人の姿は、いつも誰かの記憶に残るからだ。

奇跡のようなチャンスをつかんだ彼女の歩みは、さらに力強く未来へと進んでいく。

人生の目標を決めない

2020年から続く新型コロナウイルスの影響により、鳳さんの将来への考え方は大きく変化した。予定していた海外研修は残念ながら叶わなかったが、先行きが見えにくいからこそ、自分の未来を型に当てはめない。今やるべき事柄にしっかり向き合うことが、将来への道に繋がると思っている。

「これから色んな所に寄り道しても、医療と芸能にはいつも関わっていたい。決めているのはそれだけなんです」

言葉の表面を辿れば楽観的にも見えるが、この柔軟な考えの土台には、時間をかけて培った知識と、医療に携わることへの責任感が根を下ろしている。いつも自分の力で進む道を切り開いてきた彼女だからこそ、信じられる未来があるのだろう。

取材中、鳳さんが繰り返したのは「人との出会いに恵まれた」という言葉だった。

毎日ともに笑い、時に本音でぶつかり合った花組の仲間。役者として、人として尊敬する上級生。大学で一緒に学ぶ、世代を超えた友人。

私が抱いていた疑問、「なぜか、いつも大勢の仲間に囲まれているふじPさん」。その理由は、今も鳳さんから溢れ出る「人への感謝」、「人との繋がりを大切に思う心」だったのだ。

他人と競い合う環境でも、彼女は一時の悔しさや悲しみといった感情に心を支配されることはなかった。彼女にとっての宝塚歌劇は「現実」ではなく、ずっと「夢」であり続けた。

「宝塚にいた時、私は自分の気持ちばかり考えていた」と、彼女は語る。

「男役としてのポジションよりも、今、自分がどう感じるか。後悔しないか、これからどうなりたいか。そういうことを考えて、物事を決めてきた宝塚人生でしたね」

そんな鳳さんにとって、宝塚とは？

「生活必需品です。母が胎教のように観せてくれたおかげで生まれる前から好きだった宝塚が、入ってもっと好きになりました。これからも、きっとそうですね。〝ゆりかごから墓場まで〟……」

鳳さんは急に考え込み、こう付け加えた。

「違う！　ゆりかご前だ！　私が生まれる前から、宝塚はありますもんね」

そういうことではないのでは⁉というツッコミをぐっと飲み込み、「ゆりかご前から墓場まで大好きな場所です」と言い直す鳳さんに、笑いを堪《こら》えて頷いた。

大切なのは、自分が楽しいと思うものをどこまでも追求すること。

「将来の夢は、なし！」と笑う鳳さんは、何者にもなれる未来を信じている。その明るい笑顔に救われた、たくさんの人たちが、彼女の進む道を支えている。

風馬翔

［振付師］

この人生で、踊りを愛し抜きたい

人にはそれぞれ、苦しい時に向かう場所がある。海を見に行くか、賑やかな街へ出るか、行きつけの店か、話を聞いてくれる友人の家か。晴れやかな喜びの時だけではない、どん底にいる自分をも受け止めてくれる場所。

「人生で一番苦しかった時、私はお稽古場に行きました」

公演の開演前、そして終演後も、彼女はダンスのレッスンに通った。

休日だけではなく公演のある日でもレッスンへ足繁く通う、彼女のような人は滅多にいなかった。珍しがられるのが嫌で、人目を避けてこっそりとダンススタジオへ足を運んだ。疲れているからといって、公演中もレッスンをやめることはなかった。舞台に立つためのウォーミングアップ、公演後のクールダウンも、リラックスタイムでさえ彼女に必要なのは「ダンス」だった。

「悲しいことがあった時も、鏡の前で踊ると心が救われました」

どんなに心が打ちのめされていても、ステップをひとつ踏み出すだけで、彼女は踊りの世界に入っていくことができた。踊れば、いつも魂が震えた。

‖風馬翔‖

「私にとって踊りは、喜びであり悲しみでした。お稽古場は私を強くしてくれる、優しくしてくれる場所です」

踊りは、彼女にとって、あらゆる感情の表現だった。踊りなしでは生きられないというほど、なくてはならないものになっていた。

広い世界をまだ知らなかった10代の頃、すでに彼女は「踊り」に生きることを決意していた。それ以来、ひとときもダンスから離れたことはない。

どうしてそんなに、踊りを信じられるのか。踊りに人生の全てを注ぐことができるのは、なぜか。

その理由を語り出した彼女は、「魂のダンサー」という厳しく張り詰めた糸のようなイメージとはかけ離れていた。柔和な笑顔と、親愛の情に満ちた佇まいは、たちまち周囲をほっこりとしたムードで包んでしまう。なにしろ彼女は、驚異的に親しみやすい人物なのだ。

「魂のダンサー」その素顔

風馬翔《ふうまかける》さん。「あんなさん」「かける先生」などの愛称で呼ばれる彼女は、京都府長岡京市の出身だ。在団中は常に優秀な成績を保ち、宙組の実力派男役として活躍した。表現力豊かでパワフルなダンスだけではなく、歌や演技でものびやかな個性を発揮して、舞台で存在感を示した。

2018年に宝塚歌劇団を卒業した後は、ダンスのインストラクターや、数多くの舞台で振付師、振付助手を務めるなど幅広く活動している。

「私は目標を決めると、周りの人たちに宣言してしまうんです。それも、かなりたくさんの人たちに」

その目標を叶えた時、思いがけないほど多くの人から「あの時言っていたことを達成したんだね」と祝福されて驚く。本人は周囲に宣言したことなどすっかり忘れているので、「なんで知ってるんですか⁉って。いやいや！　自分で喋ったから、みんなが見守ってくれてたのにね」

笑いを収めると、少し真剣な顔で彼女は言った。「みんなに宣言して逃げ場をなくすことで、目標達成に邁進できるのかもしれない」と。

そんなふうに夢へ突き進む勢いは、宝塚受験を決めた少女の頃から変わらないのだと、風馬さんは懐かしそうに振り返る。


元月組トップスターである大地真央《だいちまお》さんの大ファンだった母の影響を受け、幼い頃から宝塚を観劇していた。「宝塚に入れば、歌と踊りだけをやって暮らせる」という母の言葉に魅力を感じた彼女は、勉強よりも芸事に興味を持っていった。

小学校1年生の時からバレエを習っていた風馬さんは、中学生になると宝塚受験を見据えてジャズダンスのスタジオにも通い始めた。他の受験生と一緒にレッスンを受けたものの、ライバル感情剝き出しの女の子たちの雰囲気が怖くて仕方がなかった。それに、受験のためのレッスンでも「踊る喜び」がより先走って、

「先生からは、『野原の中、裸足で踊ってるんじゃないのよ！』ってよく叱られました」

マイペース過ぎるその様子が、目に浮かぶようなお小言だ。

子どもの頃から、兄2人と競い合うように大盛りのご飯を平らげ、学校の友人たちに特大のお弁当箱を笑われていたそうだ。よく食べたおかげで172センチメートルという長身に恵まれたが、自分は娘役になれると信じ込んでいたという。

宝塚では、身長の高さによって男役か娘役かが決定する。

「私、ドレス着れるやろ！って思っていたんですが、全然違いましたね……」

あっさりと娘役を諦めた後はひたむきにレッスンに励み、初めての受験で見事に合格を勝ち取った。

2年間の音楽学校での授業や寮生活を通して、生徒は芸事と上下関係の厳しさを叩き込まれる。慣れない団体生活に戸惑いながらも舞台に立つ日を夢見て、毎日を必死で過ごすものだ。しかし風馬さんは、宝塚音楽学校生としては極めて稀な転機を迎える。

そのダンスには「宇宙」があった

宝塚音楽学校では1年目の生徒を予科生、2年目の生徒を本科生と呼ぶ。予科生の時に見学した本科生のダンスの発表会で、とあるシーンに彼女は心奪われた。その時のことを語る風馬

さんは、「うまく言えないのですが」と幾度も口にした。言葉にはできない、それは彼女の心の中に起きた奇跡だった。

そのダンスシーンには、「振付師の先生が生み出した宇宙がある」と感じたという。まさに雷に打たれたような衝撃だった。

この日以来、風馬さんの目標は、「スポットライトを浴びるスターになる」ではなくなった。

「私は、踊りで生きていく。それも、尊敬する師匠についていくんだと決めました」

目標を決めたときの風馬さんほど強いものはない。師匠に認めてもらえるダンサーになるためならば、彼女はどんな努力も惜しまなかった。師匠を尊敬するあまり、毎朝音楽学校の窓から外を見つめ、師匠が出勤してきたらすぐに入り口に駆けつけドアを開けていたらしい。猪突猛進ゆえの、想像のはるか斜め上をいく行動だ。

2年間の学校生活を終えた風馬さんは、2008年に94期生として宝塚歌劇団に入団した。具体的な夢を見つけて2年間レッスンに励んだ彼女は、上から9番目という好成績だった。本人曰く「生まれ変わったように、真面目な努力家になった」姿には、ご両親も驚いたという。

月組「ME AND MY GIRL」で初舞台を踏んだのちに、宙組に配属された。ここで彼女は、思いがけない壁にぶち当たることとなった。いよいよ挑んだ男役の踊りは、想像以上に難しかったのだ。

女性が男性を演じるためには、立ち方や歩き方など、あらゆる所作に多くの訓練が必要だ。

その上、男性らしい体型に見える衣装を着こみ、完璧な美を見せなくてはならない。ただがむしゃらに踊るだけでは、男役の姿勢も重心も崩れてしまう。舞台でスマートに踊るには、ひとつひとつの動きやポーズを計算し尽くすことが必要だと気がついた。

それまでの風馬さんはいつも全力で踊っていただけに、とても不自由な動きに感じられたそうだ。憧れていたはずの男役のダンスを踊っても、「目一杯身体を動かせるラインダンスだけ、踊りたい」と思ったという。

「それに、当時の宙組で活躍していたのは、きらきらした王子様っぽい男役さんたち。私には似合わん！　入る組を間違えた……と思ったんです」

お腹を抱えて笑いながら、途方に暮れた思い出を語ってくれた。

私をはじめ、観客の記憶にあるのは、どんなダンスも踊りこなす男役・風馬翔だ。あのダンスからは想像もつかない過去だが、それから彼女はどのように変化したのだろうか。

風馬さんが研2という若さで黒燕尾のダンスシーンに参加したのは、2009年に上演された博多座公演のショー作品「Apasionado!! II」だった。

このダンスシーンは、劇場全体が緊張感に昂《たかぶ》る中、黒燕尾を着た男役たちが一斉に踊る。宝塚のレビューのフィナーレには、不可欠な場面だ。

これには風馬さんが苦手だと感じた「不自由な踊り方」が多く必要なのだが、その振付を受けた彼女はまたしても雷に打たれるほどの衝撃を受けてしまった。

公演の最下級生としてたくさんの雑務を担っているにもかかわらず、黒燕尾の場面の振付が終わった後2時間あまり、彼女は放心状態だったという。そんな様子を見た周囲の上級生は、さぞかし驚いたことだろう。

「全然できない。だから、面白い！　これこそが人生だと思いました」

それが、風馬さんの感想だった。

「たとえば『手を出す』という振り。それはただの『動作』ではなくて、踊る人自身の全てがそこに出る。『足を高く上げる』だけじゃなくて、それは生き様なんです。私はそれまで、そんな踊りをしたことがなかった」

なんとかして伝えたいと、風馬さんはもどかしそうに言葉を選んで説明してくれた。彼女の身体と心にある感覚を他者に伝えるのは、とても難しいことだろう。それでも、理解したいと思った。そんなふうに魂を震わせる何かに、私も出会ってみたいからだ。

男役として、どう踊るのか。博多座公演での体験をきっかけに、猛烈な勢いで研究を始めた彼女だったが、またしても苦心することになる。

宝塚の魅力のひとつが、一糸乱れぬ群舞である。ダンスの技術があるだけでは、うまくいかない。それどころか、飛び抜けてダンスがうまい人は、全体の波を壊してしまうこともあるのだ。

下級生の時は周りと踊りを揃えることができず、よく叱られていたとため息をつく。背が高い上に人並外れた跳躍力を持っていたため、ジャンプする振りでは1人だけ遅れているように見えてしまった。しかし、そこで諦める風馬さんではなかった。

「高く跳んでも、着地のタイミングを必ずみんなと合わせる。踊りの波を揃えながら、いかに自分らしく踊るか、いつも考えていました」

宙組にはすらりと背の高い男役さんが多く、ダンスの群舞もとてもダイナミックだ。長身の風馬さんでも上級生についていくのに必死だったのだが、

「背の高い人たちの中で埋もれないようにと頑張るうちに、自然と大きく踊れるようになったんです」

自分は宙組に合わないのではと思っていた彼女が、いつの間にか、宙組でしか会得できない多くのことを学んでいた。宙組のスケールの大きさ、どんなことでものびのび挑戦させてくれる雰囲気が大好きになっていた、と語る。

「踊り脳」とは？

風馬さんのお話を伺っていて、少し不思議に感じることがあった。

多くのタカラジェンヌが抱く「目指した役や立場に到達できない悔しさ」……そういうことを、彼女は一言も口にしないのだ。

それほどダンスに打ち込んでいたならば、一列でも前、目立つポジションで踊りたいと願ってもおかしくない。だが風馬さんに、そんな拘りはなかった。

「どこにいても、私にとっては自分の踊る場所が舞台の真ん中だったんです。だから、踊るポ

ジションが気になったことはなかった」

それは決して「自分が主役」というプライドではなく、むしろ正反対に、彼女はこう考えていた。

１列目の端は、全体の額縁。前列にいる時は力みすぎずに。後列からは前に向かってエネルギーを押し出す。トップスターの近くでは、より呼吸を感じて……。どんな場面でも、彼女は自らの役割を理解して舞台に立っていた。

「宙組の出演者とお客様の思いが通じ合っているなと感じられる時。そういう舞台は心地良いし、やりがいがありました」

ファンの方からの「格好良い」という褒め言葉には、正直戸惑ってしまったという風馬さん。反対に、嬉しかったのは「楽しかったです」「笑顔になった」「舞台から伝わってくるものがありました」という言葉が聞こえた時だった。

「私は、誰かの心が動くのが好きだったのかも。お芝居も歌も、何をしても、観ている人に楽しんで欲しいなって、いつも思っていました」

「踊りが得意な男役」と言われた自分は、決して身体的に恵まれたダンサーでも、はじめから飛び抜けた技術があったわけでもないと、風馬さんは言い切る。

「それに、精神的にも打たれ弱かった。緊張しやすいし、すぐ泣くし、失敗ばかり。よくぞ私はこの芸名をつけたなあって。風馬翔《かける》、本当に欠けてるよ。欠けまくりだわ！」

コンプレックスを真剣に、でもおどけながら語る彼女に、取材の場は笑いに包まれた。自らも大笑いしながら、風馬さんは目を細めた。

「だからね、物凄くたくさんお稽古をしました。今もそうです。いつまでたっても私はできないことがあるし、その分勉強したいことがあるから」

表舞台から制作する側に回った今、その思いはより強くなった。

「不器用だったから、踊りがうまくできない人の気持ちがめっちゃ分かるんです。こんな私だから、伝えられることがあると思っています」

そして、自分は「踊り脳」だと、彼女は語る。心と身体から自然に湧き上がってくる表現が、風馬さんにとっては踊りだった。演技や歌に取り組むと緊張してしまうが、「これがダンスならどう踊るか」と置き換えてみるとうまくいく。たとえば、お芝居が好きな人は、振付を「お芝居ならばこう動きたい」と考えて練習すると表現しやすいということだ。

「私にとって踊りは呼吸、生きることとですから!」

「呼吸」、「生きること」、それは比喩ではないのだ。息をするように踊る風馬さんが「育ててもらった場所」、それこそが宝塚の舞台であった。

日本の踊りを見に行こう

宝塚に在団中、私はこんな話を聞いた。「この前退団した風馬翔くんって、全国を回って日本の踊りを勉強しているんだって」

少し大袈裟な噂だったのではと疑いつつその話について尋ねると、彼女はこともなげに言った。

「ああ～、そうなんです。『人が踊る根本的なエナジー』を知りたくて、卒業してすぐ旅に出ようと決めていました」

「海外のダンスよりも、まずは日本の踊りを知りたい！」――いつものように目標を公言した風馬さんは、卒業のお祝いに宙組のみんなから大きなリュックサックを贈られた。

そのリュックサックを背負って、まっさきに訪れたのは沖縄だった。そこで見た伝統舞踊エイサーに、彼女はすっかり魅了されてしまった。

元タカラジェンヌだとは打ち明けず、「ここで勉強させてください！」と直談判した。エイサーの演舞団体の人たちは驚きながらもその情熱を認め、彼女にすぐバチと太鼓を持たせてくれた。全身に痣ができ、筋肉痛になりながら必死でエイサーを踊り込み……わずか1週間後、なんと舞台デビューを果たした。


沖縄は、早朝から暑い。開演前には大汗をかきながら客席を掃除して、1日に4回、ステージで踊った。演目の前説とグッズ販売までこなし、その合間には社員食堂に駆け込んでラフテー定食に舌鼓を打った。部外者である自分に、大切な伝統舞踊を惜しみなく教えてくれたみなさんには、感謝してもし切れないという。

「私はただやる気を伝えて真剣に取り組んだだけでしたが、そんな私をあたたかく受け入れてくれるんやって、感激しました」

踊ってお給料が頂けたことも自信になった、と彼女は明るい声で付け加える。

「それまでは、宝塚の宙組が何より大切な私のチームでした。これからは自分の気持ち次第で、こんなに良い仲間と巡り合えると知ることができた。ここで学んだことは、とても大きかったです」

約2ヶ月を過ごした沖縄滞在の後半まで宝塚出身であることを隠していた彼女だが、実はエイサーの仲間に宝塚ファンの方がいたことが分かった。「ここに来た時から、元宙組の風馬さんに似てると思ってたんだよね」と打ち明けられて、「なんだ、バレてたのか！」と大笑いしたという。

それからの1年間、彼女は1人で参加する人たちのためのツアー旅行で全国の踊りを見て回った。青森ねぶた祭、山形花笠まつり、徳島県の阿波おどり、富山県のおわら風の盆……。どこにでもその地域ならではの踊りがあることを知り、その踊りを心から楽しむ人たちを目にした。時には、飛び入りで一緒に踊ることもあったそうだ。

「踊りは、人間から自然に出てくる、生まれるものだって分かりました。嬉しそうに生き生きと踊る人たちを見ていると、そこには『なぜ踊るか』なんて難しい理由はないように感じました」

その気付きは、指導者でもある風馬さんにとって意義のあるものだった。

「ダンスが苦手な人も、踊りを楽しむ気持ちは必ず持っているはずです。趣味で踊る方もプロの方も同じ、その人自身の踊りを引き出したい。人の呼吸や思いが自然に身体を通ると、それが踊りになる」

そんな風馬さんが「うまい！」と思うダンサーとは？　その問いに、彼女はぱっと顔を輝かせた。

「なれない自分になろうとしている人。その姿が一番美しいと思うんです」

想像もしていなかった風馬さんの答えに、思わず言葉を失った。

高度な踊りの技術を持つ人よりも、踊りは不得手だけれど自分の表現をなんとか見出そうとする人。そんなダンサーに、心惹かれるという。

「たとえば、男役の踊りは誰もはじめからできないですよね。だからこそ、自分の男役像をそれぞれが突き詰める。そこに、とても感動するんです」

風馬さんが男役として多大な影響を受けた、元花組トップスターの蘭寿《らんじゅ》とむさん。また、元星組トップスター・柚希《ゆずき》礼音《れおん》さんのパッションに圧倒され、元月組の宇月颯《うづきはやて》さんからは正統派男役の踊り方を学んだ。

「心が踊る人。それが、私の憧れるダンサーですね」

ただ格好付けるだけの人を好きになれないと呟いた彼女に、その理由を訊いてみた。

「生きる姿勢が格好良ければ『フリをする』必要なんてないから。でも、キザな仕草とかを本気で演じる姿は格好良い。それは、人の心を動かしますよね」

風馬さんは、表情の豊かさが印象的な舞台人だった。それは飾られた外面ではなく、本心から湧き出る表情だったのだ。しかしだからこそ、辛い気持ちになることもあったという。

「嘘がつけない性格なので、心から楽しんでいないと笑えない自分がいました」

タカラジェンヌは、どんな気持ちを抱えていても舞台に立てば笑顔になる。親が亡くなった直後でも舞台に上がれば笑顔でなければいけないとは、よく言われることだ。自分の気持ちとパフォーマンスは常に切り離して夢の世界を演じる——そういう職業である。

「些細なことで傷ついたり、弱くなる。そんな感情の回線なんて、いらないと思いました」

それでも彼女は心を閉ざすことなく、自らの思いに正直でいるよう努めていた。

「その感情こそが自分の表現になるなら、感受性はなくさずにいよう。そう思ったんです」

黒天使の気持ちを知りたい

「私にあるのは踊りだけ、他の選択肢はなかった」。そう語る風馬さんが特に強烈な輝きを放ったのは、2016年「エリザベート」の黒天使役だった。

ミュージカル全編を通して、10人の黒天使は重要な役割を担っている。主役・黄泉《よみ》の帝王トートの部下であり、その心情を表現する分身として、膨大かつ高難度なダンスナンバーを踊る。台詞は一切なく、時には舞台セットのように美しく佇む役だ。作品の背景もしっかり理解しなくては演じられない。

風馬さんが取り組んだのは、振付の練習だけではなかった。

どうすれば黒天使に近づくことができるのか。考え抜いた彼女は、教会へ足を運んだ。声をかけてくれた牧師さんは「天使の気持ちが知りたいんです」と話す風馬さんに驚いていたと言うが、無理もない。

台上からふわりと降りる動きを体得するために、宝塚大橋の下に座り続けたこともあった。「空から降り立つ時の鳥の気持ちって、どんなだろうと思って」、武庫《むこ》川に飛来する鳥たちを延々と観察した。

当時の自分を「色々と、やばいですよね」と苦笑いで思い出す風馬さん。常識はずれの変わった練習法と言えばそれまでだが、私は納得してしまった。彼女が舞台で演じた黒天使は、まさに人間ならざる者の雰囲気を纏《まと》っていたからだ。

血が通っていない冷たさを滲ませながら、トートの悲哀や喜び、怒りや憎しみと同化して変容する動き。作り上げられたその佇まいは、作品の土台を支えていた印象がある。

そして、毎回の公演に全身全霊を注いで迎えた宝塚大劇場公演の千秋楽前日に、衝撃的な体験をする。

「初めてゾーンに入ったんです。宇宙空間でゆっくりと踊っているように感じて……」

全てがスローモーションとなり、舞台上の共演者たちが踊りながらほのかに光る……忘れられない光景だったという。

「毎回積み重ねた緊張感と集中力によるのでは」と彼女自身が分析するその話を聞くうち、不思議な体験すら「当然の現象」と思えてしまう。表現することを突き詰めた結果、常人には立ち入れない創造の世界に入っていったのかもしれない。

ところで、黒天使といえば普段の男役の舞台化粧とは異なり、白と紫がかったメイク、長い銀髪が特徴だ。美しく中性的な扮装は男役の憧れでもあるのだが、その話題になると風馬さんは急に顔をしかめた。

「黒天使に限らず、舞台化粧やお衣装の着こなしって、すごく苦手でした。思い通りにできなくて……。付け睫《まつげ》毛もいらないし、もう、Tシャツに短パン、裸足で踊りたいって、何度も思いましたよ〜」

とんでもなくさっぱりとした格好の黒天使を想像すると、笑いを堪えきれない。彼女ならばそれでも黒天使を演じられるのでは⁉と思ったものの、美しい扮装をして妖艶な魅力を放っていた風馬さんの黒天使を思い出し、ほっと胸を撫で下ろした。

ドンガラガッシャーンと、鐘が鳴った

上級生となった風馬さんだが、ダンスナンバーをはじめとして宙組全体をまとめる機会が増えると、この先の自分のあり方について考えるようになった。このまま宝塚に長く在籍するのか、卒業して別の道を歩むのか。

「私の生き方を変えてくれた宝塚に、これから真に貢献できる人になりたかった。私が宝塚を、踊りを愛し抜ける〝形〟は何なんだろうって考えました」

そんな時期に巡り合ったのが、2018年「WEST SIDE STORY」のディーゼル役だった。

「ドンガラガッシャーンと、鐘が鳴った感じ」と、風馬さんらしい表現で卒業のきっかけを語ってくれた。心から打ち込める作品と役に出会った彼女は、自らの踊りに導かれるように宝塚を卒業する決意を固めた。

同年12月「白鷺《しらさぎ》の城」「異人たちのルネサンス」。この作品が、「男役・風馬翔」最後の舞台となった。千秋楽、舞台上での挨拶で、彼女は幾度も「夢」という言葉を口にした。

子どもの頃からどんなときでも、「夢」という言葉を思い浮かべれば、心に生きる力が湧いてきた。いつも目標を高らかに宣言して、努力を積み重ねることを楽しんできた。

「夢さえあれば大丈夫」、そう信じ続けた彼女は、その言葉を伝える側の人間になるべく、宝塚から新たな一歩を踏み出す。

宝塚を卒業した後、振付助手やダンス講師など、踊りに関する仕事が次々と風馬さんの元に舞い込んだ。自らが表舞台で踊ることよりも裏方の道を選んだのは、踊りが好きという他にもうひとつの理由があった。

「人が好き。教わることも教えることもめっちゃ好きで、そのやり取りが最も密なのがお稽古場だと思うんです」

今、風馬さんが身に付けたいのは、言葉で踊りを伝える力だ。もっと豊かな語彙力で、踊りを教えられるようになりたい。実際に踊って教えることは最も望ましいのかもしれないが、彼女はさらに未来を見据えていた。

「いつか自分の身体が動かなくなっても、踊りを教えられるように」

それはまさに、風馬さんの心を惹きつけて離さない「振付」の魅力だ。

「振付師が踊れなくなっても、その心は、ダンサーによって作品という形になる。凄いお仕事だと改めて思うんです」

今はあらゆるジャンルのダンスを学びたい。思い立ったら止まらない彼女は、２０１９年にタンゴを習得するため単身でアルゼンチンへ飛んだ。

知人もいない、言葉も分からない。おまけに旅費を抑え「なかなかサバイバルな旅」だったというから、聞いている方がはらはらしてしまう。当の本人は、10日間くらいタンゴ漬けだったと実に満足げだ。

「アルゼンチンで安い宿に泊まったらもう、日本で怖い所、いっこもありません〜」

得意そうな顔に、こちらの心配は吹き飛ばされてしまった。どんな話題でもすぐに彼女のペースに巻き込まれてしまう。


現在、風馬さんは様々な舞踊の研究と習得を続けながら、宝塚歌劇のスタッフとしての仕事も多くこなしている。宝塚に貢献したいと願う彼女にとって、それは大切なフィールドだ。

「教える立場としては、自分が元気で、エネルギー満タンでいることが大切。いつも全力で、踊りを伝えられる状態でいたいですね」

自らを育ててくれた宝塚に深く感謝しているからこそ、宝塚が内包する夢の世界を守り抜きたいと静かに語る。

「そんなのは綺麗事かもしれません。でも私は、その綺麗事をやってみたい。この人生において、宝塚の清らかなところを守り抜きたい」

宝塚と踊りがあれば、世界だって変えられる。風馬さんはそう信じている。

「綺麗じゃないものも、この世界には必要ですよね。たとえば人間にとっては害のある菌でも、自然や他の生き物にとっては必要な菌の場合がある。雑草なんて無い、とも言います。だから、綺麗事もそうじゃないことも、きっと一緒なんです」

踊りとともに受け継ぐもの

宝塚で学んだことを、全て返せる人間に成長したい。それが、風馬さんの揺るぎない決意だ。尊敬する師匠には、まだ遠く及ばない。踊りを通して宝塚に恩返しをする生き方ができた時、師匠に少しだけ近づけるのではと、彼女は微笑んだ。

「宝塚で、私は自分じゃない自分になれたんです。これからは、今までたくさんの方が繋いできた宝塚の伝統を私も継承して、後世に残す。そういう人間になりたい」

これ、大きすぎる夢ですよね――そう言って、朗らかな笑い声を上げる。その笑顔の奥には、自分の進むべき道を見つけた人だけが持つ強さがあった。

風馬さんにとって「宝塚とは何か」、訊いた。

風馬翔

「生まれた場所、死にたい場所」

宝塚という場所で育てられ、実をつけて、そしていつかは養分となり樹を育てる。

「宝塚にかかわる人はみんな、新しく宝塚に憧れる人たちを育てるんです。そうなれたら本望、悔いなし」

出演者もスタッフさんも、観客でさえ宝塚の土となる……そう、思っている。

「あ、これは『綺麗事』じゃなくて、本気です！」

慌てて付け加えて、笑いを誘う。踊りに人生を捧げる決意も、周りを笑顔にする軽やかな可笑しみも、その全てが、風馬翔そのものだ。

幾ら語っても、彼女の踊りへの思いが尽きることはなかった。

「踊りのために、私は日々をどう過ごすか。何を大切に思って、どんなことを伝えられるか。そういうことを毎日考えて、やっていかなくては」

そうして、どこまで進んでいくのか。その思いが行き着く先を見届けたいと思うほど、踊りを語る風馬さんの言葉は研ぎ澄まされ、胸の奥に響いた。

「この人生で、踊りを愛し抜きたい。私が、踊れなくなっても」

しかしその切ないまでの覚悟は決して辛苦には染まらず、未来への希望に溢れている。

「でもなあ、まだまだ『思い』だけですよ。ほら、『翔《かける》』ですから。私の人生、欠けまくり！」

そう言ってまた笑う、その顔は底抜けに明るい。彼女は、生涯を懸けるべきものを見つけたのだ。

美城れん

［ハワイ島へ移住］

〝宝塚のおじさん〟を極めて

宝塚歌劇団には、花月雪星宙という5つの組の他に、「専科」という生徒の集団がある。専科生は各組の公演へ特別出演して、重厚な演技が必要とされる年長の役や身分の高い役などを担う。その1人だったのが、美城《みしろ》れんさんだ。

福井県福井市出身、「さやかさん」の愛称で親しまれている彼女は、1998年に宝塚に入団した。星組に所属した後、専科へ異動したのは2014年。男役でも女役でも個性的な役柄を演じこなし、名脇役として数多くの作品で活躍した。

新型コロナウイルス感染防止のための対策がなされた、カフェでの取材。すっきりと晴れやかな表情で現れた美城さんは、ハワイへの渡航を間近に控えていた。どんなに真剣な話題でも、ユーモアが溢れ出る……それが美城さんだ。伺いたいことは沢山あるのに、ひたすら笑っているうちに終了してしまう予感がしていた。まずは宝塚との出会いから、しっかり伺わなくては。

「その話、長いよ〜。聞いてくれるかい?」

お願いします、と答えるまもなく始まった彼女のお話に、気がつけばすっかり引き込まれていた。

スコットランドでの運命の出会い

小学校が、どうしても好きになれなかった。

黒板の方を向いて整然と並べられた40ほどの机と椅子。そんな教室が自分の居場所だと思えなかった美城さんは、4年生の時に、福井県から長野県の山あいにある小学校へと山村留学に出向いた。

全国各地から集まった20人ほどの生徒は、山の上にある古民家のような学生寮で暮らし、少人数の学級では1人1人に合わせた速度で勉強が進められた。豊かな自然の中でマイペースに過ごせる毎日は、彼女に合っていた。生活をともにした生徒たちとは今でも仲が良いのだと、楽しげに語る。

その後、街の中学校へ入学した美城さんだが、やはり学校生活には全く馴染めなかった。そこで今度は単身イギリスへ渡り、スコットランドのフリースクールへ留学した。厳しい規律に囚われず、のびのびと勉強できる環境に恵まれていたけれど、その一方で焦りも感じていたという。

「海外の学校へ行けば色々なチャンスや可能性と出会える。そこで、将来やりたいと思えることを探しておいで」という母の言葉が忘れられなかったのだ。美城さんを心配して、彼女らしく過ごせる教育環境を探し続けてくれた母の気持ちは、痛いほど理解していた。そんな美城さんだが、スコットランドで運命の出会いを果たす。

ある日、同じ寮の日本人生徒の部屋へ遊びに行った美城さんは、壁に貼られたポスターを見て強い衝撃を受ける。それは、初めて見る「タカラジェンヌ」の写真だった。彼女の第一印象は、「なにこれ、気持ち悪い‼」。

見たこともない華やかな舞台化粧と色彩に驚いたものの、「一度でいいから観劇してみて！」と強くすすめるその友人に連れられ、一時帰国の時に宝塚大劇場へ足を運んだ。演目は花組の「心の旅路」「ファンシー・タッチ」。初観劇の帰り道、美城さんはかつて抱いたことのない強烈な思いに涙を流していた。ああ、私はここで仕事がしたい――。

「大劇場前の花のみちを、大号泣しながら帰ったの。あれは、言葉で説明できない感情だなあ。全部がうわあって、はじけてた」

「男役になりたい」、「この舞台に立ちたい」など具体的な目標は何もなく、ただ「これがいい」という感覚だったという。とにもかくにも「宝塚」というものに強く惹きつけられた。

「その時期のことは、おかしいくらい鮮明に覚えてる。流行ってたゲームボーイを何分で、どうやってクリアしたとか、そういうことまで」

異様に研ぎ澄まされた少女の感覚が、宝塚に出会ったことですさまじい化学変化を起こし、その心を駆り立てていく。

「宝塚で仕事がしたい」という強い意志を抱いたまま、美城さんはスコットランドの学校へ戻る日を迎えた。宝塚に入るためのレッスンは留学先ですれば良い、必要な情報はこれから集めよう。そう両親に言い含められ、シンガポール経由のイギリス行き飛行機に乗ったのだが、

「シンガポールの空港で、係の人に帰りのオープンチケットを見せて、日本に帰りたいって訴えたんだよね。あの時のパワーは、自分でもよくわかんないよ」

こうして美城さんは、独断で帰国した。

‖ 美城れん ‖

宝塚の舞台に立つためには、宝塚音楽学校に入学しなくてはならない。中学3年生から高校3年生までの間に最大4回の受験のチャンスがあるが、必要なレッスンを始める以前に、美城さんは中学校を卒業しなくてはならなかった。小学生の頃から全く馴染めず、ずっと避けてきた学校生活をもう一度始めてみて、どうだったのか。

「それがね、なんと全然へっちゃら。宝塚に入るっていう目標ができたら、苦痛だった学校生活も楽しくなっちゃったの」

そして、宝塚を受験するには家族の協力が不可欠だったが、

「お稽古の教室を探そうとしても、『自分で調べれば』って電話帳を渡されただけ」

突然見つけた荒唐無稽とも思える夢のため、留学の途中で帰国してしまった。そんな娘を、両親が心配しないはずはなかった。当時、「宝塚に入ることができるのは特別な人だけ。一般家庭から入学するなんて無理だ」と考えていた両親は、美城さんの宝塚受験に大反対だった。

孤独に奮闘する美城さんの味方はただ1人、祖母だけ。祖母の手厚い助けによって、宝塚を受験するためのレッスンに通うことになった。

ところで。留学期間の半ばで日本に帰国した美城さんは、驚いたことに、それ以来一度もス

コットランドのフリースクールを訪れていないという。長期休暇だったといえど多くの生活用品はスコットランドに残したまま。「大好きだった折原みとさんの本とか、全部置いて来ちゃったなあ〜」と笑う美城さんだが、宝塚への強い思いがあったとはいえ、常識破りの行動には思わず言葉を失ってしまった。

合格のためなら何でもやる

宝塚受験に必須のバレエも声楽も未経験だった美城さんだが、そのやる気は止まらなかった。学校でクラシックバレエの教室を知っている生徒を探し出し、一緒に連れて行ってもらった。声楽の課題であるコールユーブンゲンは学校の先生に習い、繰り返しCDを聞いて、最初の1、2音を出されれば全て歌えるまでに暗記した。

「譜面は少しも読めなかったから、とにかく頑張って暗記した。多分、今でも全部歌えるよ」

しかし、中学卒業時の初めての受験は不合格だった。

翌年からは、よりレッスンに没頭する毎日だった。高校に通いながら、週末ごとに福井市の自宅から関西までバレエと声楽を習いに行く日々。宝塚の機関誌「歌劇」を毎月買っては、「もう穴が開くほど読んだ。私のすべて。すべてが、そこに注ぎ込まれてた」

2回目の受験では、一次試験は突破したが二次試験で不合格。この時、一緒に受験した友人が合格したことに、美城さんは大きなショックを受ける。合格できない自分への憤りも加わり、

もう受験をやめようかとも思った。だが、

「もっとレッスンをすれば、次こそは必ず合格する。絶対に諦めてはだめよ」

　祖母からそう叱咤激励されて歯をくいしばり、さらにレッスンに熱中した。学校が終わると泊まりがけで関西のバレエ教室へ。そこで一泊して翌朝福井へ戻り、祖母から朝食と昼食のお弁当2つを受け取って学校へ。そしてその日の放課後は県内のバレエ教室へ行き、そのまた翌日は学校帰りに関西へ一泊――。

「もう、変な自信がついたわけ。だって、中学2年生でバレエをゼロから始めた私が、2年間毎日バレエを練習しちゃったもんだからさ」

　3歳から習っていた日本舞踊を本格的に習得して名取となったのも、宝塚受験に役立つと考えてのことだった。そんなふうに1日も休むことなく宝塚への夢に全力を注いだ美城さんは、3回目の受験で、ついに念願の合格を勝ち取った。

　当時の宝塚音楽学校には厳しい規律があった。芸事の鍛錬だけではなく、厳正な上下関係と礼儀作法を徹底的に叩き込まれるのだ。その伝統ともいえる厳しさは有名だが、美城さんは全く知らずに入学したという。ただでさえ規則に縛られる学校教育を苦手と感じていた彼女にとっては、耐えがたい環境であったはずだ。

「最初はすごく驚いた。でも、そこで教わることは『人間の基本』。お礼を言う、自分が間違えたことを反省する、心を込めて校舎の掃除をする。そういうこと全部が『真心』を学んでいるって思ったら、感動しちゃったのよ」

大胆な発想の転換をした美城さんは、厳しい指導も感謝して受け止められるようになったという。だが、初舞台を目指して本格的に芸を磨く本科生になると、高い壁にぶち当たった。並々ならぬ努力を積んで入学したのに、同期生の中では成績が低迷してしまったのだ。

「ものすごく努力して合格したんだっていう自信が変なプライドになっちゃって、思い通りの成績を取れない自分を受け入れられなかったんだよね。やる気が、一気に冷めちゃった」

必死に頑張ってきたのは、自分だけではない。そう理解するのが遅かったのだと、彼女は振り返る。さらに、

「練習しなくてはいけないと分かっていても、気恥ずかしくてできなかったの」

理想の動きができない自分が嫌で、ダンスの授業をさぼってしまったこともあったという。若かった頃の自分を語る美城さんの言葉は、どこまでも率直だ。私自身もそうだったが、タカラジェンヌに限らず多くの人が、理想と違う自分と向き合うことができない時期を経験するのではないだろうか。そんな「格好悪い」過去の自分は、できれば忘れてしまいたい。しかし、美城さんは違った。

「自らの実力不足を認められなかった」とはっきり言えるのは、その後の彼女が自分自身と向き合えるようになったからだろう。

1998年、美城さんは宝塚音楽学校を卒業した。84期生として宝塚歌劇団に入団し、宙組公演「エクスカリバー」「シトラスの風」で初舞台を踏む。

「本科生の時は、鏡に映る自分を見ようとしなかった。あまりのできなさに愕然とするのが嫌

でさ。それで結局、最後の成績もブービーだったのよ」

39人中38番目だったという、卒業試験の結果。のちの「どんな役でも任せられる芸達者な専科生、美城れん」のイメージとは、あまりにもかけ離れている。

お稽古熱心で、情熱を持って舞台に挑む役者になるまでの道のりは、どのようなものだったのだろうか。

プライドを捨てて

入団後、星組に配属された美城さんに、ひとつの転機が訪れる。それは上級生の男役、希佳《のぞみけい》さんとの出会いだった。希さんのダンスを見て、「こんなふうに踊りたい」と強い憧れを抱いた。それをきっかけに、研3になる頃には大きく意識が変わっていたという。

たとえ数分のラインダンスの出番であっても、宝塚の舞台を作る一員。尊敬する上級生と同じ公演に出るのだから「もっと上達して皆のレベルに追いつかなくては」と、朝から晩まで休日も関係なく、とにかく必死に練習に励むようになった。

「やりたくて選んだ仕事なのに、私は何をやってるんだ！って目が覚めたね。努力し始めたら、芸事が楽しくてしょうがなくなった」

練習に打ち込んだ成果が徐々に表れ、公演の出番が増えていくなか、ひとつずつ丁寧に取り組むことを根気強く続けた。

「どれだけ練習しても、自分の出来に満足するってことはないよ。それでも舞台に立つことに、楽しさを見出すようになったの」

「皆の前で努力することが恥ずかしい」という気持ちを手放したことで、舞台人としての覚悟と強さを手に入れたのだろう。

「宝塚を3回も受験した」、そのプライドがずっと努力の邪魔をしていたのだと振り返る。でも「宝塚を3回も受験した」からこそ、簡単に退団するわけにはいかなかった。その根性のおかげで20年間も在団できたと、彼女は語る。

「だってさ、私が身につけたものは、誰も持ってけないんだよ」

それは、挫折を重ねた受験の日々の中で、祖母からもらった言葉だったという。

「おまえの努力は、誰も持ってけやしないよ」


星組は、めりはりのある上下関係の中で中身の濃い舞台を作る、下級生といえども甘えられない厳しさのある組だった。美城さんが今も鮮やかに思い出すのが、男役の象徴である黒燕尾のダンスシーンのお稽古だ。はりつめた緊張感の中で、男役の群舞が爪の先まで動きを揃えて踊る。その中の1人として踊りながら、心が震えるのを感じた。

「宝塚とはこういうものだと、まさに思えた瞬間なの。この景色は、宝塚に入った私しか見られない。ここにしかない光景なんだって、ただただ感動していた」

２０１０年に梅田芸術劇場と博多座で星組選抜メンバーにより上演された、フレンチミュージカル「ロミオとジュリエット」。のちに宝塚大劇場と東京宝塚劇場でも上演されて人気を博し、宝塚以外の公演でも再演を重ねることとなる作品に、美城さんは、初演のピーター役として出演した。

ジュリエットの乳母についてまわる従僕ピーターを、彼女は、観客をくすりと笑わせる可笑しみのある人物に作り上げた。やんちゃな若者たちにからかわれ、かと思えば意気投合したり、調子に乗って乳母に叱られたり。10年以上前に観劇したこの舞台のピーターは、私の心にも印象深く残っている。

その後、再演されるたびにピーターは「メインキャストではないけれど、場面の雰囲気を作るキーパーソン」として、個性的な人が演じる役どころとなった。演出や振付の効果があるとはいえ、初演でこの役を「おいしく」作った美城さんの功績によるものではないだろうか。

宝塚に入るという夢を実現させたら、次に目指すのは「スターになること」である生徒が多いのは当然といえる。少しでも活躍して、華やかな出番が欲しいと願う人も多い中、美城さんが心惹かれたのは「スターを支える脇役」だった。当時の星組の上級生には、深みのある演技や強い存在感でお芝居を支える生徒が何人もいた。自分もそういう役者になりたいと憧れた美城さんだが、「面白味のある脇役」になるのは難しいと覚悟してもいたという。ぴったりの当たり役が巡ってきて活躍しても、それはその時の一回だけ。お芝居で必要とされ続けるためには、どんな役でも演じられる確かな実力が必要だ。与えられた役をとことん研究して表現することで、美城さんはいつでも必要とされる役者に近づいていった。

「主役は絶対に必要だけど、周りがいなくちゃ始まらんよね」

そう可笑しそうに笑う瞳には、「周りの役者」の楽しさと誇りが輝いていた。

愛を伝える「ばあや」

「ロミオとジュリエット」の舞台で愛嬌たっぷりのピーターを軽快に演じながら、美城さんの視線は目の前の乳母役に注がれていた。この役を演じたい——心の底から湧き上がるような感情を抱いた。そのチャンスが彼女に巡って来たのは3年後。星組大劇場公演「ロミオとジュリエット」のキャスト・オーディションを受け、見事、乳母役を摑んだ。ほっとするまもなく待っていたのは沢山の台詞と動き、そして重要なソロナンバーだった。

ジュリエットが生まれた時から慈しみ育ててきた乳母は、ジュリエットの成長を誰よりも喜び、ロミオとの恋が実るよう神に祈る。その心情を歌う「あの子はあなたを愛している」というナンバーは、振付も場面転換もなく、舞台上にたった1人で歌う大曲だ。宝塚では、スター以外がこのようなシーンを担うのは極めて稀で、1幕のクライマックスでもある。

この曲で表現したいことを含め、美城さんの心の中にはすでに「乳母」という人物がしっかりと立ち上がっていた。しかし、それまでの公演で演じた人たちの印象が強い役でもある。自分のイメージが共演者や観客に受け入れられるだろうか？　そんな不安感に追い詰められるうち、充分歌い込んだはずの曲なのに、歌うことができなくなっていた。

「こりゃいかん！と思ってさ、毎日、下級生に歌を聞いてもらってたんだ」

10人ほどの下級生の前で、美城さんは、緊張を曝け出して歌った。

「自分でやりたいって言った役なのに、情けない。私、こんなにダメなやつだ。ごめんよ！って言って。下級生は毎日、聞いてくれたよ」

驚いて一瞬言葉を失った私に、「上級生は、いつでも皆のお手本であるべき」という宝塚の常識を打ち破ることをしていたと、美城さんは笑いながら語った。

ところで、男役でありながら、年長の女役を演じることに抵抗や不安はなかったのかと尋ねると、ぷるぷると首を横に振る。

「関係ない、関係ない。男とか女とかより、ただの役者だからね、私」

大切なのは、自分がその役柄に心惹かれ、適しているかどうか。

「そりゃあさ、私はガリッガリのモデルの役は出来ないけどね……ばあやさんなら、頑張ればいけるでしょ」

頷いて良いのか分からない言葉の後で、「そうそう、大好きな台詞があるの」と、彼女は瞳をいっそう輝かせて話を続ける。

それはジュリエットが、ロミオとの結婚に猛反対する父と言い争い、頬を叩かれた後のシーンだ。嘆くジュリエットに、乳母はこう語りかける。

「お父様はあなたが憎くて叩いたんじゃあない。聞き分けのない子どもだと思って、つい手が出たんですよ」

これが、初演の時から彼女の心を捉えて離さない台詞だという。

各シーンを明るく盛り上げ、若者の恋を手助けすることが、作中の乳母の役割だ。それに加えて「乳母の最重要ポイント」と強調するのは、「父親の深い愛を、ジュリエットに伝えること」。

「なんだろうねえ、この台詞はすごく、綺麗だと思うの。これが、全ての愛。ばあやは愛の橋渡しをするんだよ」

その短いシーンで、美城さんの演じた乳母は、きわめて愚直にジュリエットに語りかける。「若者の気持ちを無視する身勝手な大人」と見せかけてその実、すれ違う親子の思いに寄り添っていた演技を思い出した。

「あの場面、『ザ・愛』じゃない？」

美城さんはふふっと微笑み、まっすぐに私を見つめた。

乳母役の中に見出した愛を、どう表現するか。精一杯お稽古を重ね、いよいよ初日前の舞台稽古の日。初めて衣装を着てスポットライトの中で「あの子はあなたを愛している」を歌った時、大きな感動が美城さんを包んだ……と言いたいところだが、

「ああ、やんなきゃ良かったよ！　私、こんなの無理です〜」

1人で立つ大劇場の舞台は、これまで彼女が体験したことがないほど圧倒的に大きかった。

「それは、想像を絶する感覚」で、この広大な空間を毎日単独で埋めているトップスターさんたちを改めて尊敬したという。そして、感じたこともない孤独と緊張に負けそうになった彼女を救ったのは、オーケストラが奏でる音楽だった。

「音楽が私を乗っけてくれて、ああ、幸せ……って感じられた」

自らの表現を伝えようと努力していると、思いがけないものが味方してくれることがあるのだ。

新たな「宝塚」の世界へ

「やんなきゃ良かった！」という弱音は、決して無責任な感想ではない。キャリアを重ね、自分のコンプレックスと向き合いながら努力してきた美城さんが全力で挑んでもなお、舞台は難しいのだ。彼女はあの大役をやり遂げたことを、少しも自慢げに語らない。当時を振り返って情けない悲鳴をあげる様子から、うわべを取り繕う気持ちは全く感じられなかった。

美城さんが演じた乳母は、明るく賑やかなキャラクターにとどまらず、14世紀のイタリアに生きた1人の女性の半生をも感じさせた。ロミオから預かった一輪の薔薇を持つ指先、優しくも寂しげに見つめるその仕草だけで、深い愛情と決意を表現していた。

彼女の演技は観客に受け入れられ、大好評だった。目標としていた、作品を支える役者としての大きな一歩を踏み出したはずだったが、彼女の胸中には思いもよらない決心が生まれていた。

「大劇場の公演が終わった後に、『次の公演で卒業します』ってプロデューサーに言ったの。自分の出来ばえに満足しなかったことと、もう精一杯やり切ったという気持ちの両方があって。だってこれから、これ以上の表現や実力を見せていかないといけないわけでしょ？　出ないわ、もう！」

退団の意志を聞いたプロデューサーは驚き、ある提案をした。「専科へ異動しないか」と――。

専科生になって、組を超えて色々な公演に出演する。多くの役と、人と出会う。今も変わりなく大好きな宝塚で、さらに新しい世界が待っていた。

だが美城さんは、答えた。

「いえ、卒業します」

だって……と、ため息をついて当時を振り返る。

「専科に行ったら楽しすぎて、もうやめられなくなっちゃうよ」

ボンバーヘア未遂事件

2014年の星組公演「The Lost Glory ―美しき幻影―」は、美城さんが専科生となって2つ目の出演作だった。長年所属した組だが専科から公演に加わるとなれば、今までとは違うことがいくつもある。緊張していた彼女の大きな支えとなったのが、主演の元専科・轟悠さんの存在だった。

男役だけではなく宝塚全体を牽引する立場であった轟さんは、あたたかく気さくな態度で接してくださった。すっかり打ち解けたのは良いが、安心し過ぎた美城さんは、忘れられない大事件を起こしてしまう。

舞台化粧をするのが人一倍速い彼女は、すでにお化粧が完成している生徒も多い中、いつも

‖美城れん‖

開演30分前から取りかかっていた。ところがある日、お化粧を始めてから、鬘をセットしていなかったことに気が付いた。いくら舞台化粧の速い美城さんとて、開演に間に合うように鬘を整える余裕まではない。

「本日の私、髪の毛がボンバー決定だわ。そう思ったら焦って、お化粧も遅くなっちゃって……」

舞台途中の早替わりならまだしも、開演に間に合わないなどあってはならないことだ。そんな絶体絶命の状況で手を貸してくださったのは、恐れ多くも轟さんだった。専科の遥か上級生、おまけに公演の主役なわけで、本来ならば美城さんがお手伝いするべき方だというのに。しかし、礼儀など気にしていられないほど切羽詰まっていた。こともあろうに、鬘ネットを被せるよう轟さんに指示を出し、なんとかお化粧を終えた。

「いしさん（轟さん）ったらすごく器用で丁寧だから、私の鬘、パーフェクト！」

なぜか自慢げに振り返る美城さんだが、まだピンチは続いていた。猛スピードで衣装を着た彼女の出番は、轟さんと奈落から舞台上へとせり上がる場面だった。息を切らせて走っていくと、せり上には美城さんの靴を持ってスタンバイしている轟さんの姿が。

「いしさんは大笑いして許してくださったけど、心底反省したよ〜」

さすがの美城さんも、「退団しなくては」と思うほど落ち込んだそうだ。「その後は二度と遅れなかった」と神妙に語る彼女に、当然です！と思わずつっこみたくなるエピソードだった。

宝塚では、1年のうちに何回か数名の生徒が組を入れ替わることはあるが、ほとんどの生徒は組替えを経験せずに卒業していく。上級生になれば10年近く、あるいはそれ以上の長い年月を同じ組内で過ごす。それぞれの人柄や長所短所を理解し合うと、組の生徒同士に「阿吽《あうん》の呼吸」が生まれるものだ。

慣れ親しんだ星組以外の、しかも自分だけが「阿吽の呼吸」を感じられない公演に初めて出演する時は、単純に怖かったと美城さんは振り返る。しかし、思い切って飛び込んでみると、そこは星組と同様の「宝塚」だった。公演に向けてコツコツとお稽古に励む日々に変わりはなかったし、初対面の生徒たちも、知れば知るほどそれぞれが面白い人だった。

「初めての組でも『私は役者です』ってしっかり言えたら、皆が一緒にお芝居してくれる。組とか学年とか関係なくて、みんな役者、私も役者。そう思ったら、一気に視野が広がったなぁ」

新しい経験に緊張する日々の中でも、専科生として作品に関わる楽しさを見つけた。また、組という組織の外から宝塚を見たことがきっかけで、発見があったという。

「宝塚がちょうど100周年を迎えたこともあって、これから宝塚がどういう作品をやるのか、他の舞台とはどう違うのか。そんなことを考えながら仕事をするようになったの」

国内だけでなく海外にも、質の高い演劇やミュージカルが沢山ある。宝塚の魅力を知り尽くした彼女だからこそ、厳しい目で自らの仕事と向き合えたのだろう。「本気で全力を尽くさないと、この世界ではやっていけない」と常に感じていたという。幅広いジャンルの舞台に興味を持ったことで培われた知識と経験は、宝塚の作品で発揮されることとなる。

君こそナイスリー・ナイスリー

「専科・美城れん」の存在感が揺るぎないものになったのは、2015年、星組公演「ガイズ&ドールズ」のナイスリー・ナイスリー役を演じた時だった。丸々としたスタイルで舞台上を駆けずり回り、数多くのミュージカルナンバーを次から次へと歌いこなした。

以前、宝塚で上演された同作が記憶に残っていた美城さんだが、最終的に参考にしたのは、海外のミュージカル映画の映像や資料だったという。まるでブロードウェイの舞台から飛び出してきたような演技だったと伝えると、「そう！　まさにそれを目指してたのよ！」と身を乗り出した。

「ブロードウェイの劇場で観るような、歌って踊る小粋なおじさんを演じてみたかった」と熱弁した後で、彼女はニヤリと笑った。

「まあ……ブロードウェイ、行ったことないけどな」

女性である自分が男役として「アメリカ人のおっちゃん」をどこまで演じられるか。飽くなきチャレンジ精神がむくむくと頭をもたげたという。

個性のある脇役は、ふくよかな体型で舞台に立つこともある。舞台衣装の下には「肉布団」と呼ばれる分厚い服の形の布をまとうのだが、これが不自然になってしまうとお芝居のリアリティが半減してしまう。ふくよかな人物を演じることが多かった美城さんは、体型の見せ方に人一倍のこだわりを持っていた。

ナイスリー・ナイスリーは、アメリカ人の中年男性。衣装はスーツで、動きが多い役だ。

「上のスーツ生地にはりが出るように、肉布団の厚みを微調整してすごくこだわった。アメリカ人のおじさん体型を目指して、それが動いても自然なように、お衣装部さんとかなり細かく打ち合わせしたよ」

さらにはお稽古場から毎日、肉布団を着込んだという。重さのある肉布団を着て長時間歌い踊るお稽古は、大汗をかいてヘトヘトになる。だがこういった努力のおかげで共演者もナイスリー・ナイスリーの雰囲気をより感じられ、実りあるお稽古になるのだ。

様々な組の公演に参加する専科生は、時として出演する公演が次の作品のお稽古期間に重なることがある。「ガイズ&ドールズ」のお稽古に加わった美城さんも、その前に出演していた公演の千秋楽を終えてからの参加となった。ほとんど出来上がった作品に途中から入ったわけで、とにかく毎日必死で「アメリカ人のおっちゃん」を作り上げていった。

「そりゃ大変だったけど、お稽古が始まると楽しい気持ちの方が勝ったなあ」

ナイスリー・ナイスリーは、多くの登場人物たちとの台詞や歌の掛け合いがある役だ。どんなお芝居をしようかと頭で考えるよりも、演じていくうちに共演者との絶妙なバランスが出来上がっていったという。

「主演のみっちゃん（元星組トップスターの北翔海莉《ほくしょうかいり》さん）ですら、私が勝手に作ったお芝居に乗っかってくれたの。『ごめんよ、スター』って思いながらも、自由にやらせてくれることに感謝しかなかったよね」

公演が始まってからも絶好調で「ガイズ&ドールズ」を熱く沸かせていた彼女だったが、勢いが止まらず大変だったこともあった。ある日のパレードでついつい音楽に乗りすぎて大階段を踏み外し、7、8段ほど滑り落ちてしまったそうだ。それでも客席に向かって満面の笑みを見せたまま、踊るようにテンポよく歩き出した。そこまで役になり切るとはさすが、と感心している私に、「そうそう！って、本当は照れ隠しだったけど」と、真実を教えてくれた。


怪演！「るろうに剣心」


２０１６年春の雪組公演「るろうに剣心」に出演した際も、美城さんは舞台を大いに盛り上げた。彼女が演じた喜兵衛役は憎たらしい悪人面でいばり散らすが、主人公・剣心の前ではひっくり返ってしまう情けない男で、その表情も仕草も「宝塚の男役がやって良いのか⁉」と思わせるほどの怪演であった。どれもご自身のアイディアから生まれた演技だったが、演出の先生からは反対されなかったという。

「もう、指導のしようがなかったんだろうね。こんな私に好き勝手やらせちゃったから、ほれ見たことか〜」

もっと驚いたのは、作品の後半で別の役に扮した美城さんが、喜兵衛とは打って変わって気品のある堂々とした佇まいだったことだ。明治時代の日本の政治と外交を支え、文化の成長に尽力した要人、井上馨《いのうえかおる》役だ。

その夫人・武子《たけこ》役を頂いた私は、美城さんとの初めての共演にとても緊張していた。しかし、基本的な演技の動きと方向性が定まった後は、「こうして」と指示されることは一度もなかった。動きの多いパーティーの場面でも、美城さんと打ち合わせしたのは「小道具のオムレツを、毎回必ず、どうにかして取りに行く」ということだけ。自由にして良いのだから、どんな演技をするかは自分で毎日考え、実践しなくてはならない。それは相手役さんに頼ってはいけないということではなく、むしろ「もし私が失敗しても、美城さんは必ず助けてくださる」という絶大な信頼を寄せていたからできた挑戦だった。

お芝居の途中、ストップモーションになる演出で美城さんは、必ず私が吹き出すような一言を言ってから静止した。ご本人は涼しい顔、私は毎回笑いを堪えるのに必死であった。そのアドリブまで役になり切った一言であり、客席から見れば自然なやりとりに仕上がっていたことも、彼女の芝居心の凄さだった。いつか言い返したいと思っていたが、美城さんを笑わせるアドリブなんて思いつくはずもなく、毎日笑い負かされていた。

私にとって大変学びが多く、楽しかった公演の日々は忘れ難い。一緒にいると笑いが絶えない、そんな美城さんが持つ豊かな包容力と器の大きさに支えて頂いた。

美城さんは専科への異動が決まった当初、「2年間は在団しよう」と考えていたという。その2年間で雪組、月組、星組へ出演し、経験を積み重ねていくうちにこれまでにない充実感に満たされていった。

「専科になってからいろんな人と出会って、いろんな役をさせてもらって……。やっぱり宝塚が大好きだって思ったのが決め手だったな」

彼女はついに、宝塚を卒業する決心をする。

角刈りの卒業公演

2016年秋、星組公演「桜華に舞え」「ロマンス!!」。この作品との巡り合いは偶然だったものの、長年慣れ親しんだ星組の公演で卒業できたことは幸せだったと振り返る。

「宝塚で役者を極めた」という達成感はあったのだろうか。その問いに美城さんは「とんでもない」と、すぐに否定した。「役者を極めた」などという言葉は、役者の方々にすごく申し訳ないよ、と。

「役者っていう仕事は、多分、一生極められないよね」

だけど……と、言葉を続ける。「桜華に舞え」で西郷隆盛役を演じると知った時は心が躍ったという。

「角刈りの鬘を被ってくれるかって訊かれて『もちろんですよ!』って。そんな卒業、最高じゃん。わくわくしたなあ」

時代を切り開き、豪快に生き抜いて散った歴史上の人物と巡り合えたことは「『おお! 有難うございました!』って笑顔になるくらい」嬉しかったそうだ。

作中、敵軍に追い詰められた西郷隆盛は、自らの生を悔いなく生き切ったと感じ、出会った人々に感謝しながら人生を終える。それは、実際の西郷隆盛の心情や状況とはもしかしたら違うのかもしれない。でも、美城さんが演じた彼の人生には「生きる希望」があった。西郷隆盛は、こんなにもあたたかな希望に満ちて世を去った——そう、観客が信じられるようなリアリティが感じられた。

「お稽古や公演が進んでいくと、『本当に幸せな宝塚人生だった』っていう思いが、どんどん大きくなったの。この道を選んだのは間違いなかったって」

宝塚を卒業していく美城さんだからこそ演じられた、西郷隆盛。その演技に宿る真実味に、観客は心打たれたのだろうと伝えると、

「役者として完璧ではなかったけど、最後まで嘘がなく演じられたってことかな」

嘘がないお芝居がしたくて、嘘がない人生を歩みたくて、ずっとずっと自分らしさを貫いてきた。最初から最後までずっと自分に厳しくはできなかったけれど、その分自分にも人にも優しくありたかったと、彼女は微笑む。

「それで理想は、私の周りにいる人たち皆を笑わせたい!!」

千秋楽の舞台。角刈りの西郷どんはいつもと変わらず観客を笑わせ、あたたかい涙を誘った。一度は諦めかけた夢に挑戦し続けた少女は、20年後、役者「美城れん」に成長した。客席からの鳴り止まない拍手は、美城さんを新たな世界へと送り出しているようだった。

大切な人と歩む

宝塚在団中、美城さんがよく訪れた場所はハワイだった。初めてハワイでフラを見た時、宝塚の初観劇にも似た高揚感を覚えたという。それ以来、幾度も足を運び「将来はハワイや海外で暮らしてみたい」という漠然とした夢を抱いていた。

だが、ハワイで暮らすことが決まった今も「英語は苦手」と明るく笑う。

「でもコミュニケーションが好きだからね、お友達になるのは早いよー」

卓越した演技力が垣間見える、表情豊かな語り口に魅了されていると、言語の違う友人たちと笑い合う彼女を想像するのは容易だ。

「宝塚にいた時は、舞台と恋愛を両立できなかった」と、穏やかに振り返る。

「でも『ロミオとジュリエット』の乳母を演じて、いつかは絶対に心から大切だと思える人と結婚したいって思うようになった」

宝塚を卒業したタイミングや積み重ねてきた人との結び付き……それらが一生を共にする大切な人との出会いに繋がったと、彼女は繰り返し語った。

2020年以降、新型コロナウイルスの影響で世界中が劇的に変化する中、美城さんは様々な思いを巡らせていた。医療従事者の方々や感染防止対策に尽力する方々に感謝すればするほど、何もできない自分がもどかしかったという。誰とも会えず、先行きの見えない恐怖に心が押しつぶされそうだった。

自分の無力さに打ちひしがれていた時、SNSを通じて数々のメッセージを受け取った。それは、美城さんが発信したハワイの美しい風景やカラフルな現地のお菓子の画像、彼女の心から滲み出る言葉へ返ってきた「声」だった。思いがけない反響があった時、孤独感がふっと薄れたという。

「今の私にできることをやって、少しでも誰かの力になれれば良いなって思う」

現在、彼女は「美城れん」の名前でSNSの発信をしている。以前「まだ芸名にすがっているんですか?」と言われたことがあったと、彼女は打ち明けた。そうなのかもしれないね、と美城さんは続けた。

「でも、今でも思いがいっぱいあり過ぎて、芸名の自分をなくすことはできない。本名の私と同じように、自分の大事な一部なの。私から『美城れん』は取れないよ」

「おまえの努力は誰も持ってけやしない」。かつて祖母が彼女に言って聞かせたように、時が経とうと、宝塚で積み上げた日々は確かに彼女の中にある。

旅立ちを前に

いよいよ、ハワイでの美城さんの生活が始まろうとしている。大切な人と暮らす新しい場所でどんな出会いがあるか、どんな景色が待っているのか。今はただただ楽しみながら飛び込んでいくだけだと、彼女は語った。

「宝塚にいる間は、死ぬのが怖くなかったの。でも今、死ぬのが怖いって思う。変だけど……これ以上の言葉にはできないのよ、これ」

宝塚では日々の研鑽に追われ、その瞬間を生き切っていた毎日だった。卒業してから、美城さんの視野はさらに広がった。知りたいこと、やってみたいことが増えるたびに、彼女は思った。「ああ、もっと生きていたい」、と。

「毎日を、大事に生きていたいと思う。それが、宝塚を卒業して、私が一番大きく変わったこと」

その演技で多くの観客の心を動かしてきた美城さんは、周囲の期待とは逆に、今はもう役者をやりたいとは思っていないという。

「『宝塚のおじさん』とか『宝塚のおばさん』が好きだったから。もう、そういう部類だったでしょ、私」

今まで美城さんが演じてきた魅力的な役の数々が思い浮かび、笑ってしまった。彼女も一緒に笑顔を浮かべる。

「そういうのが私、楽しかったの。宝塚が好きだったの」

「たからづかが」と、一音一音を噛み締めるように、美城さんは言った。その一音一音から、彼女の愛がこぼれ出た。夢のために努力を重ねた受験生の頃も、自分と向き合えず苦しさを抱え込んでいた時も、いつも「宝塚」が好きだった。不器用なほど一途なやり方で、彼女の宝塚を愛してきたのだろう。

美城れんさんにとって、宝塚とはどんな場所だったのだろうか。この質問に、彼女は即答した。

「全て」

その気持ちはこれからも変わらないと、彼女は確信している。

「宝塚は、私の全て。今、私がここにいるのは、宝塚と出会ったおかげだから。宝塚がなければ、私の『最初』も『最後』もない」

嘘のない生き方がしたい――そう、美城さんは繰り返し語った。それは、決して簡単な生き方ではない。だからこそ、自らの生きる姿勢をもって、その信念を示す。彼女の勇気ある生き方は、今日も誰かに幸せをもたらしている。

中原由貴（煌月爽矢）

［俳優、モデル］

台湾での新たな挑戦

宝塚歌劇団に入るためには、宝塚音楽学校の試験を突破しなくてはならない。宝塚受験のための予備校では、バレエと声楽だけではなく面接の練習まで行われ、夢を抱いた多くの若者がレッスンに励んでいる。限られたチャンスをつかもうと、人生を左右する試験に挑む受験生が集まる会場は空気が張り詰めていて、自信を失い恐ろしいほどの緊張に襲われるのも当然という状況だ。

「私、ぜんっぜん緊張しなかったんですよ」

そう言う彼女に、思わず理由を尋ねた。

「それがね、私、自分が不合格になることは考えていなかったんです」

決して自信満々だったわけではないのだと、必死に説明を続ける。彼女曰く「ド厚かましかった」その思いは、はっとするほど純粋だった。ただ「宝塚に入りたい」と願い、試験を受けている間も「いよいよタカラジェンヌになれる」と溢れんばかりの喜びに満ちていた。そんな当時の自分に苦笑いを浮かべ、ふいに彼女は目を細めた。

「それぐらい、夢だったんですよ」

容姿端麗、歌と踊りの技術、適性があるか。そんな、宝塚音楽学校の「募集要項」に書かれているようなことを意識したことはなかった。眉毛が繋がっていて全く洗練されていない姿だったのにね！と、彼女は吹き出す。

「私には、宝塚に入ることしか、夢がなかったから」

屈託のないその笑顔に、希望ではち切れそうだったかつての少女の姿が重なったような気がした。

タカラジェンヌになるしかない

中原由貴《なかはらゆうき》さん。東京都世田谷区出身の彼女は、「煌月爽矢《あきづきさや》」の芸名で、２０１６年まで宝塚歌劇団月組の舞台に立っていた。その名の通り、明るく爽やかな雰囲気をまとい、華のある立ち姿と演技で人気を集めた男役だった。「ゆうき」の愛称で親しまれた彼女は、宝塚を卒業してから本名での活動を始めた。現在は単身で台湾へ渡り、俳優、モデルとして活躍の場を得ている。

夢を見つけたらまっしぐら、「できるかできないか」は後で考える……というよりも、「できる」しか考えない。どこまでも前向きな中原さんが、なんとしても叶えたい夢に出会ったのは、小学校６年生の時だった。

きっかけは、宝塚ファンだった母に連れられて観劇した１９９８年の月組公演「WEST SIDE STORY」だった。初めて観た宝塚の虜になった中原さんは、劇場からの帰り道で早くも「絶対に、ここに入る！」と決意を固めていた。小学校から習っていたバレエのレッスンにいっそう力を入れるなど、宝塚への憧れを募らせ、高校生になると声楽も習い始めた。

とはいっても、15歳ですぐには受験しなかった。「学業が優先」という両親の考えに同意したからだ。彼女ははじめの2回の宝塚受験を見送り、勉強に専念した。

「格好良いエピソードに聞こえますよね？　それが、学校の成績はちっとも良くならなかったんです」

笑っては失礼だと思ったが、当の本人が大笑いしているので、すっかりつられてしまった。

このままでは宝塚への夢と勉強のどちらも中途半端になると焦った彼女は学力アップをすっぱりと諦め、両親との話し合いの結果、宝塚受験に踏み切った。

ただひとつの夢に向かって瞳を輝かせた少女の熱意は、未来への扉を開ける力となったのだろう。初めての受験で合格を果たした中原さんは、タカラジェンヌへの一歩を踏み出した。

予科生は、１学年上の本科生から日頃の態度や礼儀作法、お掃除の仕方についてなど、あらゆる点で徹底的な指導を受ける。生まれて初めての環境に驚いたが、自分らしさは隠せなかった。

「私の長所でもあり、短所でもあるんです。超が付くほど楽天的な性格」

どん底まで落ち込んでも、一晩寝たらすっかり忘れる。中原さんなりに心から反省するのだが、翌朝には元気いっぱいで登校した。しかしそれは本科生から見ると、「厳しく注意をしても全く反省しない生徒」だった。

「真剣に叱った次の日、私が何事もなかったかのような表情で現れるんです。『なんで、そんな平然としてるの……』って、さらに叱られてました」

自己分析によると「何をやっても見つかって、叱られるタイプ」。失敗のたびにしょんぼりと落ち込み反省するのにそれがちっとも伝わらず、気がつけば同期生の中で上位3人に入るほど叱られやすい人になってしまった。

当時の彼女が最も悩んでいたのは、まさに「反省の気持ちが、他者に伝わらない」ことだった。「どんなに真剣に考えていても、その思いを人に伝わるように表現できなければ意味がない」と思い知らされたという。

「それでも、わざとらしく神妙な顔をするのも違う気がして……。それは上級生になっても、結構悩んでました」

舞台は、1人がミスをすると全体に迷惑がかかる仕事場だ。音楽学校では芸事で競い合う前に、「自分さえ失敗しなければ良い」という考えを改め、全員で足並みを揃えることの大切さを学ぶ。これは「個性を尊重すること」と同じくらい、舞台では必要とされることなのだ。

そんな状況で失敗を繰り返したが、少しも責めずに助けてくれた同期生に、今でも深く感謝していると語る。なにしろ、どれだけ叱られても彼女は毎日嬉しかった。

「もうすぐ私は、タカラジェンヌになれるんだ」

落ち込むことはあったものの少しもへこたれることなく予科生生活を終えると、本格的に芸事に集中する本科生の日々を過ごした。「とりあえず目立ちたい」と意気込んだ卒業試験では、それまでの順位を大幅に上回り、48人中8番目という好成績で入団を果たすことになる。

月組でも試練は続く

2006年の宙組公演「NEVER SAY GOODBYE」で初舞台を踏んだ中原さんは、月組に配属された。最下級生として頑張り始めたのだが、まだまだ苦労は尽きなかった。

「劇団生になっても、私はやっぱり失敗ばかりで、もうはちゃめちゃに叱られてたんです」

音楽学校とは違い、たとえ1年目でも舞台に立つ以上、自分の役割を完璧に果たさなくてはならない。覚えること、やるべきことに追われ、努力の甲斐なくミスを連発してしまうこともあった。というのは、中原さんはいつも、男役として舞台に立てる喜びが表情に出過ぎていたようだ。下級生がみんな真剣な表情をしているのに、彼女だけはにこにこ顔。緊張感が足りないとみなされ、「態度が悪い」と叱られてしまうこともあった。落ち込んでばかりのそんな毎日が変化したきっかけは入団から2年目、バウホール公演「ホフマン物語」に出演したことだった。

各組には70～80人の生徒がいるが、バウホール公演などの場合は30人ほどの出演者に絞られる。そうすると、大勢で行動している時には分からなかったそれぞれの人となりを深く知ることができ、信頼関係がより強まることがある。

「生意気で反省しない子」だと思われていた中原さんだが、公演の下級生として懸命に働き、楽しそうにお稽古に熱中する姿から、その素直な人柄が理解されたのだろう。だんだんと、上級生からも親しく声を掛けられるようになった。また中原さんも、緊張を解いて上級生と会話をすると、「叱られるのは嫌われているからではなく、成長させるためなんだ」と分かったという。「気がつくの、遅すぎですよね」と照れながら当時を振り返ってくれたが、それからは上級生から芸事について教えてもらうことが増え、舞台にさらなるやりがいを感じるようになった。

この公演を機に月組に馴染んでいく彼女を一番近くで支えてくれたのは、音楽学校時代と同様、やはり同期生だった。仲が良いと評判だった月組の92期生は、中原さんにとって特別な仲間だ。

出会う前から同期愛

宝塚ファン時代、中原さんが熟読していたのが、「歌劇」や「宝塚GRAPH」という宝塚の機関誌だった。記事の中で度々語られる、「同期生は大切な仲間、どんな時でも支え合うもの」というエピソードが、中原さんの心に強く響きしっかりと根付いた。当時、まだ受験もしていなかったのに、未来の同期生を大切に思っていたというから驚きだ。

月組に配属されてからずっと、中原さんが特別に意識していたことがある。折に触れ、「私は同期が大好き」、「いつもみんなで助け合おうね」と言葉にして周囲に伝えたのだ。

お稽古や公演中は、それぞれが真剣だからこそ、生徒同士の意見がぶつかる時もある。特に、団体行動をとる機会が多い同期生同士は、感情的に接してしまうことも多い。受験生時代から同期生の大切さを感じていたから、そんなふうに同期生がぶつかりあうところを見ると悲しい気持ちになったそうだ。

「私は、同じ組になった9人の同期と、一生の絆を作りたかったんです」

そう語る瞳は、力強く光っていた。

同期生同士で仕事上の優劣を感じても、それがプライベートに影響することはなかった。

「誰かより出番が少なくても、それは自分の力が足りないから。そう考えていました」

どんなに大変な状況でも、お互いに責めたり、文句を言ったりしたくはなかった。辛い時ほど労わりあって、団結しなくては。だから「同期って最高！」と熱い思いを繰り返し言葉にすることで、みんなが笑顔でいられる場を作ろうと思った。

「素晴らしい同期生に恵まれただけで、しっかりまとまったのは私の力ではないですよ」

そう話す中原さんだが、月組の92期生は結束力が強くて仲良しだと言われるようになったのは、「失敗してもいつも明るいムードメーカー」な中原さんの存在が、一役買っていたのだろう。

猛特訓の「闇が広がる」

中原さんがずっと苦手意識を持っていた歌と向き合うことになったのは、研4の時だった。大作ミュージカル「エリザベート」の新人公演で、オーストリア皇太子ルドルフ役に抜擢されたのだ。

確かな歌唱力と繊細な演技が求められるルドルフ役は若手男役にとって華やかな実力の見せ所だったが、真っ先に感じたのは「私に務まるだろうか」という不安だった。必死にお稽古に励んだものの、初めての歌稽古では最初の三拍子のリズムすら全く歌えず、先生に呆れられてしまった。

お稽古を重ねても、思うように歌えない。演技も動きも課題だらけで、いくら練習しても時間が足りなかった。決定的な出来事として覚えているのは、新人公演の本番間近、通し稽古を見学した月組の上級生が、彼女の歌と演技に唖然としていたことだ。「このままではまずい」とますます焦ったが、自分だけではどうすることもできない。さすがの中原さんも「一晩寝たらすっかり忘れる」ことはできなかった。

救いの手が差し伸べられたのは、その翌日のことだった。本公演の役替わりでルドルフを演じていらした青樹《あおき》泉《いずみ》さんが、見せ場であるナンバー「闇が広がる」を自ら歌い踊り、一緒にお稽古をしてくださったという。文字通り「手取り足取り」の丁寧なアドバイスで、多忙な上級生がそこまでしてくださるのは、滅多にないことだ。

「私の演技がものすごく下手過ぎて、青樹さんがものすごくお優し過ぎたということです」

そう言って、懐かしそうに笑う。切実さと健気な努力がいじらしい、放っておけない人。それが、中原さんだったのだろう。

夢をつかんだ後に

そんな中原さんには、宝塚に入団した時から確固たる目標があった。

「私、絶対にスターになりたかったんですよ」

宝塚の生徒は、それぞれが夢を持っている。トップスターを目指す人、個性的な役がやりたい人、重厚な演技ができる脇役になりたい人……。

「私の場合は、新人公演の主役は絶対にやりたいと、それを目標にしていました」

彼女は、ファンの頃に憧れた「宝塚の男役スター」という存在をはじめから目指していた。そして目標に向かって着実に努力し続け、2011年、念願だった新人公演の主演という大きなチャンスをつかむ。演目は「バラの国の王子」。これは「美女と野獣」を原作とした作品で、主人公は当然、野獣役だった。簡単にできる役などないとは言われるが、それでもかなり特殊な役柄であったことはいうまでもない。

大きな被り物と重量感のある衣装をまとって、歌い踊る。観客から顔全体が見える瞬間は王子様の姿になるラストシーンの5分だけだったと、中原さんはおかしげに語った。

当時の月組トップスターは、霧矢《きりや》大夢《ひろむ》さん。中原さんが「神懸かった実力を持った方」と話すほど、完璧な舞台をつとめる男役さんだった。このままの自分では、とても霧矢さんのお役は演じられない……焦る気持ちをおさえるように朝から晩まで、休日もお稽古に没頭した。

「夢見ていた『主役をやれる喜び』なんてありませんでした。ただもう、必死なだけ！」

そんな彼女を誰よりも助けてくれたのは、他ならぬ霧矢さんだった。特殊な衣装の着こなし方から声の出し方、舞台メイクも指導してくださった。自らの未熟さを思い知ったという中原さんだが、新人公演本番の舞台では後悔がないよう全力を出したいと臨んだ。

「できることは全てやりきったという思いは、ありました」

新人公演が終わった後に霧矢さんから掛けられた言葉が、中原さんは今でも忘れられない。

「ゆうき、めっちゃ下手やったよ。でもな、挨拶はすっごい良かった」

褒められたのは、カーテンコールでの挨拶だった。お芝居が終わった後を褒めるなんて、辛辣にも聞こえるが、この言葉には真実のあたたかさが含まれている。

新人公演の当日、「あと数時間後に、私が主役を演じるんだ」と思うと、とてつもない恐怖に震えたという中原さん。本役さんに追いつけない自分から逃げることなく、体当たりで大舞台に挑んだ……そんな姿を、霧矢さんは一番近くで見守っていらしたのだろう。未熟でも全力を尽くした中原さんの舞台挨拶は、観客の心を震わせたのかもしれない。霧矢さんからもらった言葉は今でも宝物なのだと、中原さんは嬉しそうに微笑んだ。


大きな目標を達成し、男役スターとして技術も輝きも増していくスタート地点に立った時。さらに希望を燃やしていたと思いきや、新人公演の主演を果たしたとたんに迷い始めてしまったという。

新人公演の主役を経験すると、生徒はそれぞれのステップへ進んでいく。歌やダンス、得意分野を極める人。名脇役と言われるようになる人、トップスターを目指そうと、少しずつ実績を重ねる人。中原さんは、次の夢を決めかねていた。

「これからの長い人生をどう歩むかということも、考えていました」

大舞台を経験した彼女は、1人の人間として成長し始めていた。

噂の「Yバレエカンパニー」

中原さんを語る上で欠かせない、ある一面がある。私が宝塚に在団していた時、月組には謎めいたバレエ団があるという噂が、まことしやかに囁かれていた。組の中にバレエ団とは、どういうこと⁉ 噂の「Yバレエカンパニー」を設立した人こそ、中原由貴さんだった。

宝塚の舞台では、宮廷の貴族役などの衣装で白いタイツを着用することがある。その姿をクラシックバレエの男性舞踊手に見立てた中原さんは、「バレエの公演をやろう」と同期生の男役に提案した。

「そんな私に対して『いいよ、やろうやろう』って、すぐに賛成してくれる同期生……とんでもなく優しいでしょ」

こうして、映えある「Yバレエカンパニー」が誕生したのだ。92期生の男役たちが、上演中の演目のナンバーなどをクラシックバレエ風に舞う。確かなダンステクニックを礎《いしずえ》に、妙な芸術性の高さと爆笑を誘う演出が大評判となり、彼女たちの公演を観られるのはその演目で卒業する人や組替えになる「特別な人」のみにもかかわらず、観覧希望者が殺到した。

驚くべきことに、中原さんが「Yバレエカンパニー」を設立したのはまだ研2の時、度重なる失敗のせいで叱られ続けていた頃だった。上級生からまだまだ多くの指導を受けている上に、本公演だけでなく新人公演のお稽古もあった時だ。多忙を極めるなかでのいわば「遊び」だったわけだが、「Yバレエカンパニー」について叱られたことは不思議となかったという。その評判は他組にいた私にも聞こえてきたくらいなので、純粋に笑いを追求し、エンターテインメントとして成立していた高度なバレエ芸は、月組の上級生にも一目置かれていたのだろう。それに、彼女はどんな時も、人を楽しませることが大好きな人なのだ。

幻のバレエ団は、中原さんが卒業するまで、なんと9年間も存続していたという。

多忙であろうとみんなを笑わせることには労力を惜しまなかった中原さんだが、自らの芸事についてはずっと葛藤していた。

男役として舞台に立つ時、中原さんはいつも制約を感じていたという。女性が男役を演じるためには、何年もかけて徹底的に訓練をしなくてはならない。たとえば彼女の場合は男役のメイクをしても、元々の顔立ちもあってか、自然な笑顔ではどうしても女性らしい表情に見えてしまう。そのため、些細な瞬間も常に気が抜けなかったそうだ。舞台では、男性として振る舞うことより「女性らしい自分を消す」意識を持つことが多かったと、振り返る。

「宝塚の男役をやれることは幸せでしたけど、どう表現するかについては、卒業までずっと研究していました」

葛藤を抱えるなか、突き詰めてきた「男役」の表現を変えるきっかけとしても、心血を注いだ役としても、中原さんが「忘れがたい」と語る役がある。2012年の「ロミオとジュリエット」で演じた、「愛」の役だ。

「愛」は女性の姿で「死」の男役と対になり、踊りと動きのみで無形のものを表現する。重要なこの役のオーディションに中原さんは見事合格、「愛」を演じることが決定した。

「愛」を表現した日々

「愛」が表すものは音楽に込められた意味、登場人物の心情、ストーリー展開そのもの……各場面で様々だ。そこで中原さんは、「ジュリエットの恋を見守る」、「人間の弱さを悲しむ」、「死に抗う」など、場面ごとに表現するべきテーマを細かく考えた。

名もない通行人、市民の1人であっても、生い立ちや家族構成から人物像を緻密に考える。そして、同じ場面の出演者みんなで共有する。そういった「役の作り方」を月組の上級生から自然と学んでいたおかげで、「愛」のようにかたちがなく、抽象的な役でも同じように作ることができた。

彼女が持つしなやかさと純粋さ、輝きが存分に活かされた「愛」は、高く評価された。精魂込めた役が多くの反響を呼んだことが嬉しかった反面、「男役ではない、女性的な役柄が好評だった」ことについて、喜びと同じくらいの戸惑いが生まれてもいた。

「私には、男役よりもっと自然な表現方法が合っているのかも、と思いました」

「ロミオとジュリエット」の新人公演でも、中原さんは観客に強い印象を残している。殺人を犯して自らもロミオに殺される、荒々しく色香に満ちた男・ティボルトは、「煌月爽矢」の新境地だった。そう伝えると、にこりと笑い、実は……と切り出した。

「私、どうしても、ロミオをやりたかったんです」

熱意を持って新人公演のオーディションに臨んだものの、ロミオ役を勝ち取ることはできなかった。

「本当に、悔しくて。配役発表の日は、お稽古が終わってから深夜3時くらいまで、劇団でずっと泣いていました」

涙を出し切った後は、主役ではなくとも魅力的な大役ティボルトに精一杯取り組もうと決意した。

「今思えば、ロミオと正反対の役だったからこそ、思い切り演じられたのかもしれません」

中原さんが扮した若々しいティボルトは、鋭い眼光を効かせた怒りの表情で存在感を示し、それまでの彼女のイメージを覆す役となった。「ロミオを演じる」という願いは叶わなかったが、気持ちを切り替えて努力した先に、思いがけない成果を得たのだ。

翌年、中原さんは再び大きなチャンスをつかむ。「ベルサイユのばら」のオスカル役で、2度目の新人公演主演の機会を与えられたのだ。

宝塚の代表作「ベルサイユのばら」には、1974年の初演時から変わらない「型」がある。台詞の言い回し、所作、舞台メイクや鬘の形……そんな様々な型をしっかりと踏襲した上で、自分の個性も魅力的に見せなくてはならない。今までとは全く違うお稽古のやり方に驚いたものの、宝塚の伝統を肌で感じたという。

それにオスカルは、前年に学んだ「愛」の繊細な表現力と、ティボルトを演じて身に付けた熱情の演技が活かせる役でもあった。また、相手役であるアンドレが、同期生の鳳月杏《ほうづきあん》さんだったことも話題を呼んだ。同期生、しかも男役の恋人役はどうしても照れてしまうものだが、中原さんは気にならなかったという。

「すごく忙しいスケジュールで新人公演のお稽古をしていたから、照れてる場合じゃなかったなあ」

それに、新人公演の出演者全員で作品を作り上げたいという思いが強く、主役2人だけの世界に浸ることは少なかったそうだ。仲間を大切にして共に歩む彼女の、主役としての姿勢が表れているエピソードだ。

新人公演の主演を終えて充実感と安堵を感じながら、またしても「女性の役を演じた評価が高かった」という葛藤が残ったという。それでも、新しい作品のお稽古が始まれば気持ちを切り替え、次の役に向き合った。そうやって試行錯誤を続けていくうちに、いつの間にか、どんな役でも演じ切る強さを身に付けていた。

男役に挑み続けて

中原さんが大きな決断をするきっかけとなったのは、２０１５年に出会った「１７８９―バスティーユの恋人たち―」という作品だった。お稽古の初日から「1789」の壮大な世界観に魅了され、素晴らしい作品に出演できる喜びに心が躍ったという。その思いは、「宝塚の舞台をやり切った」という満足感に繋がった。そして、男役になってからちょうど10年の節目に、宝塚を卒業しようと決心した。

卒業公演となったのは、「舞音―MANON―」「GOLDEN JAZZ」。いつもみんなを笑わせていた中原さんらしく、月組の人たちと過ごす最後の時間は楽しいことばかりだった。東京公演中に迎えた誕生日には、彼女に内緒で集まった大勢の下級生に祝福され、嬉し涙が止まらなかったという。

学年を超えて多くの月組生と心を交わしてきた中原さんにとって一番の寂しさは、仲間との別れだった。しかし、みんなのあたたかな心に触れるうち「宝塚との関わりは、これで終わりではない」という確信が生まれる。

音楽学校に入学してから12年間を過ごした宝塚は大切な場所だが、長い人生はまだまだ続く。活動する場所を変えるだけで、大好きな宝塚と仲間を失うわけではないと思えるようになった。「だから私、退団者が『今までありがとう』って挨拶するところを、いつも『これからも宜しくお願いします』って言って、みんなに笑われていました」

それは寂しい涙だけではない、前向きな卒業だった。

憧れ続けた宝塚の男役であることは、決して簡単ではなかった。自分自身の努力だけではどうしても乗り越えられないような、大きな壁にもぶつかった。もしも彼女がもっと容易に男役を演じられていたら、もっと早く卒業していたかもしれない。高い壁の向こうの景色を自分の目で見るため、ゴールのない探求を続けた「煌月爽矢」。

そうして２０１６年の２月、宝塚歌劇団を卒業した中原さんは、人生の新章へ飛び込んでいく。

元宝塚スター、コーヒーを淹れる

宝塚を卒業してからどんなことをするか、中原さんは全く決めていなかった。10代から一般の社会とかけ離れた生活を送った彼女は、どうしても「世間知らず」な部分を自分自身に見つけていた。

俳優の仕事をするために受けた、とあるオーディションでこんなことを言われてしまう。

「あなた、コーヒーとか淹れたことないでしょう？」

宝塚出身の俳優は、演技の幅が狭い……そんな皮肉がこめられた指摘を受けたわけだが、落ち込む彼女ではなかった。

「それで私、コーヒーショップでアルバイトを始めました」

反発心ゆえの行動だったが、これが予想以上に面白い経験となった。

宝塚の生徒は、誰に対しても丁寧で礼儀正しく接するよう努めている一方で、周囲の人たちからは憧れの眼差しを向けられ気遣いを受けることも多い。タカラジェンヌだと知られると、「特別扱い」されることがしばしばある。

だがコーヒーショップには、実に様々なお客さんが訪れた。驚くほど不機嫌なお客さん、スマートフォンの画面を見たまま投げるようにお金を支払うお客さん、ちょっとしたミスを過剰に責め立てるお客さん……。理不尽とも感じられる八つ当たりをされても、このアルバイト経験は、彼女曰く「めちゃめちゃ楽しかった」。半年で辞める予定が1年半も続けたというから、その言葉に嘘はないようだ。コーヒーショップは、17歳の時以来初めての「タカラジェンヌだった自分」を誰も知らない職場で、新しい刺激に満ちていたのだ。

アルバイトをしながら、演劇の舞台やテレビのバラエティ番組への出演などが続き、新しい日々は順調かに見えた。だが、どれも楽しく学びの多い仕事と感じつつ、中原さんの心はどこか不完全燃焼だった。

「正直なところ、何をやっても、宝塚にいた時ほどの達成感を得られなかったんです」

無我夢中で頑張った宝塚での日々を「過去の栄光」にして懐かしむだけではなく、もっと前進したいと思っていた。

「まだ20代だったし、ここで終わって『昔が一番輝いていたね』とは思いたくなかった。でも、どうしても、新しい目標が見つからなくて……」

宝塚と同じくらい打ち込めるものを見つけるためには、今いる環境を変えなくては——直感的にそう思ったという。

たった1人で台湾へ

新たな環境を探していた最中《さなか》、ある企画の情報を得た。「日本人モデルとして海外でオーディションを受け、活動する」という内容で、すぐに参加を決めた。海外での活動に以前から興味があったわけでも、英語が話せたわけでもない。しかも、10代や20代前半のモデル経験者である他の参加者たちの中で、30代前半になっていた宝塚出身の中原さんは、やや異色の存在だったそうだ。

「冷静に考えたら、無謀ですよね。日本で活動することだって難しいのに。でもやってみたいって気持ちがむくむくと湧き上がって」

この企画はきっとチャンスになるという自分の直感を、中原さんは信じた。

最初に、シンガポールとタイへ渡った。エージェントと他の参加者とともにひたすら芸能事務所のドアを叩き、それぞれがモデルとしてアピールするものの、すぐには契約に繋がらない日々が続く。そんなふうに多くの芸能事務所を回る中で、唯一、とある事務所が興味を示したのは中原さんだったのだ。「他の人より条件が悪い」と危惧していた彼女は驚き、若い経験者だけが有利だという考えが自分の思い込みだったと気がついたという。

そこでは事務所との契約までには至らなかったものの、わずかだが確かな手応えを感じた中原さん。次の渡航先となった台湾では、なんと大手事務所2社からオファーをもらうことができた。

「まずは半年間、台湾で語学留学をしようってすぐに決めました。台湾には何度も旅行に行ったことがあって、大好きな国だったので、何の迷いもありませんでした」

自力で見つけた新たな道は、ようやく彼女の心を昂らせた。


こうして２０２０年の2月末、中原さんは単身、台湾へ渡った。折しも、その直後に世界中で新型コロナウイルスの感染が拡大した。極めて特別な状況の毎日を海外で過ごすことになり、今しか感じ取れないこと、学べないことがあるはずだと思ったという。それから大学で語学を学びつつ、精力的に様々なオーディションを受けた。

実は仕事の幅を広げるため、中原さんは宝塚を卒業した直後から中国語のレッスンを始めていた。継続していたレッスンが役立つことになったが、台湾で生活して仕事をするには、より高い語学力が必要だった。「大学でみんなが話していることは6割くらい、分からなかった」と振り返る。それでも、必死で勉強を続ける日々は充実していた。

半年間の留学を予定していたが、台湾の学校へ通い始めると「もっと滞在して学びたい」とすぐ考えを改めた。

「でも、留学をもう少し続けようと思った矢先に、予想外のことが起きました」

新型コロナウイルスの影響を受け、なんと中原さんが所属する事務所がなくなってしまった。それでも、彼女は少しも力を失わなかった。「これから、もっと良い出会いに恵まれる」と考えて、諦めることなくモデルとしての活動を続けた結果、ＣＭやテレビ出演などの仕事も増えてきたという。

台湾へ来て2年半が経った現在でも、仕事の打ち合わせや会議に出席する時には中国語の会話や説明を録音して、あとで何度も聞き直し、内容をしっかり理解するようにしている。オーディションでも仕事の現場でも、中原さん自身が1人ですべてのやりとりをする。今、事務所がなくなった不安以上に味わっているのは、習得した中国語で仕事をやり遂げた時の「楽しい！」と声に出したくなるような達成感だという。

「試行錯誤の連続でしたが、それにわくわくするんです。私にとって、そういうお仕事に出会えたのが、台湾という場所だった」

日本の芸能界では珍しくない「元タカラジェンヌ」という経歴は、台湾では多くの人に注目された。また、「台湾でモデルとして活動する」という、他の卒業生とは違う挑戦が、中原さんのやる気を駆り立てた。宝塚を卒業した人たちはそれぞれが輝ける道を歩んでいて、自分の場合はそれが海外での活動だったと、中原さんは語る。

そして、芸能活動だけではなく、台湾で多くの学びがあったそうだ。大学に通って出会った色々な国の友人たちと母国について語り合うことで、日本の社会のこと、産業のこと、経済のこと……それまで知らなかった日本の姿が見えてきた。日本の文化や様々な技術が海外でも認められていると知り、「日本人である私こそ、母国をもっと理解しなくては」と考えるようになった。

そして、今までは当たり前だった、四季が巡る日々。その風景にある情緒がどれほど素晴らしいか、日本を離れたことで実感できたという。

心の距離は変わらない

中原さんは、いつでも家族や多くの友人に囲まれている人だった。そんな彼女が日本の親しい人たちと会えない日々の孤独感を、どう乗り切っているのだろうか。

「長い間離れていても大好きな人たちとの心の距離は変わらないという、自信があるんです」

卒業した後も、宝塚の仲間との繋がりは消えなかった。大切に育んだ友情はずっと続くことを知ったから、寂しさは感じていない。

「でも……そう思っているのは私だけだったりして！」

急に不安そうな表情を浮かべる中原さんの言葉に、思わず笑いがこみ上げた。宝塚で出会った人たちとの結び付きは、今も彼女の中に根付いている。そして、台湾で活動する現在に至るまでを支えてくれたのも素晴らしい人たちとの出会いだと、彼女は痛感している。

「そういう方々から受け取るばかりではなく、そのご縁を形にして誰かに繋いだり、社会に還したいです。私がもらってばかりじゃ、だめですよね」

人との縁を活かすことは、支えてくれる大切な人たちへの感謝でもある。日本を離れてみて、改めてそう思うのだと語る中原さん。

「中原由貴さんにとって、宝塚とは何ですか」という問いに、彼女はこう答えてくれた。

「人生の基盤です。宝塚での日々があったから、今の私があります」

宝塚で過ごした歳月は、綺麗で楽しいことばかりではなかった。タカラジェンヌとして心身ともに鍛えられたから、これからの長い人生で何があっても、絶対に乗り越えられる気がするのだと、語る。

将来は、日本と台湾を行き来して生活したい。そして、伝統的な文化が豊富な台湾で、ダンスやエンターテインメントに携わる仕事をしたい……その目標を胸に語学の勉強を続けながら、夢に近づく方法を模索している。

台湾で出会った人たちは、年齢や経歴にとらわれず、思いのまま何にでもチャレンジしていた。そんな人たちの姿を見た中原さんは自分自身が意外にも、無意識のうちに「私には無理だ」と決め付けていたと気づかされたという。「自分の年齢や経歴にとらわれない。それが、今の私の課題」、そう言って笑った。

宝塚の男役として活躍していた頃から、私が見てきた中原さんは「常に進化を求める挑戦者」だった。新しいことや遥か上の目標に向かって、常識や安定を求めずに挑んでいく姿は、格好良かった。だが、彼女の思い描く未来は、もっともっと自由自在なものなのだろう。

男役「煌月爽矢」は、何度つまずいても、掲げた目標に向かって走り続けた。苦労を笑いに変える前向きさに多くの人が心惹かれ、財産といえる仲間に恵まれた。その生き方は今も変わることなく、中原さんは未知の挑戦を続けている。どんなピンチの時も顔を上げて進み続ける彼女の瞳は、私たちにもまだ見ぬ景色を見せてくれるだろう。海の向こうから届く知らせを、わくわくしながら待っている。

夢乃聖夏

［3児の母］

パワフル母ちゃん、おなかいっぱいの幸せ

宝塚歌劇の新人公演は、若い生徒にとって挑戦の場だ。研7までの生徒のみで上演する、宝塚大劇場と東京宝塚劇場でそれぞれ1回ずつしかない公演。新人公演での成功体験は大きな自信になるのだが、彼女は顔をしかめて思い出す。

「舞台に負けた。お客様に呑まれてしまった……そう思ったよね」

研5の時、「ベルサイユのばら」の新人公演で、メインキャストのアンドレ役に抜擢された。台詞や少し目立つ役は経験していたが、普段はほとんど、ダンスでは群舞の一員、お芝居も大勢で演じていた彼女にとって、大劇場にたった1人で立つなど初めての経験。見せ場のソロナンバー「白ばらのひと」で、銀橋に登場した時だった。目が眩むほど明るいスポットライトと、客席からの盛大な拍手が浴びせられ、一瞬、立ちすくんでしまった。

「登場した途端のすごい拍手とライトに、『ハッ』って息を呑んじゃって。怖かった……」

それは新人スターへのあたたかい応援の拍手だったが、当時の彼女には受け止め切れないほどの威力だった。一気に動揺して平常心を失い、「とんでもない歌を歌ってしまった」と振り返る。その後のお芝居もショックを引きずったまま、お稽古の成果が思うように出せず、成功とは言い難い新人公演だったという。

しかし、この経験こそが、彼女を大きく成長させてくれた。少しでも出番の多い役を与えられると、アンドレ役での「忘れられない悔しさ」を思い出した。

「あのライトと拍手の圧力を、跳ね返せるようにならなきゃいかん！　そう思って、お稽古するようになったの」


夢乃聖夏《ゆめのせいか》さん。佐賀県多久《たく》市出身の彼女は、「ともみん」、「ゆめちゃん」と呼ばれ、抜群のスタイルとダイナミックな表現力で人気を博した。星組から雪組へ組替えとなった後、２０１５年に宝塚を卒業した。現在は福岡市で暮らし、３人の子どもたちを育てている。

「今はもう、育児に追われてる疲れたお母ちゃんだよ～」とため息をついていた夢乃さんだが、福岡市内の広い公園に現れたのは、朗らかな笑顔が弾ける格好良い女性だった。

「子どものお世話をしていると視線はずっと下向きだから、猫背になっちゃった。１人で前を見て歩くっていうことは、もうほとんどないよ」

その言葉を、「お母さんだなあ」と感慨深く聞いた。

記念受験のつもりが

夢乃さんが生まれ育った多久市は、山々に囲まれた、自然豊かでのんびりとした地域だ。県庁所在地である佐賀市までは、当時は電車で40分ほどかかった。祖父母、両親、姉2人と兄の、とても仲良しの8人家族。大自然と大家族のなかでのびのび育った夢乃さんは、ソフトボール部と駅伝の活動と高校の受験勉強に一生懸命取り組む、充実した中学校生活を送っていた。

彼女が初めて宝塚歌劇に出会ったのは、小学校6年生の終わり頃だった。関西に住んでいた親戚に誘われて、月組公演「CAN-CAN」「マンハッタン不夜城―王様の休日―」を観劇した。女性が男性の役を演じるなんて珍しいなと驚いたものの、興味を惹かれることはなかったそうだ。

その後、親戚の人に「ともみちゃんは背が高いから、宝塚を受けてみたら」と勧められた。同級生のなかでも身長が高いことがコンプレックスだった夢乃さんが、初めて宝塚に心を動かされた瞬間だった。

「なんだか面白いかも、というのが受験の動機。完全に、記念受験でした」

宝塚受験のために何年もかけて準備する人が少なくないなか、夢乃さんはというと、中学校1年生から週に一度、クラシックバレエを習い始めた。1回1時間のレッスン、つまり1ヶ月に4時間の練習だ。他の受験生よりバレエのレッスンが足りなかった自覚のある私でさえ、1週間に5時間ほど練習していたことを思えば、宝塚合格にはほど遠いように感じる練習量だ。

中学校の授業が終わると部活に出て、そこからようやくバレエ教室に向かう。母が持たせてくれるのは、茹でたとうもろこし。それにかぶりつき、丸々1本を食べながらバスに1時間ほど揺られる。

「あんまり熱心な生徒じゃなかったから、バレエの先生に名前を覚えてもらえなかったの」

ソフトボール部に入っていたためショートカットだった彼女は、きっちりしたおだんごヘアができるように髪の毛を伸ばし始めた。

「宝塚は一次試験くらい受かるだろうって、なんとなく思ってたんだよ。倍率が高いとか、試験会場の雰囲気とか、何も知らなかったからね」


当時の自分を振り返る彼女の言葉は、「イモ具合が、凄かった!!」。

いよいよ試験の当日、受験生たちはやる気が漲り、髪の毛を一本の乱れもなくシニヨンにまとめていた。対して夢乃さんは中途半端な長さの髪の毛を、ヘアピンをばってんにして頭一面に留め、他の受験生たちから浮き立っていた。

バレエの試験では振付についていけず、みんなと反対方向にジャンプしたかと思えば、回転するステップで目が回ってしまった。呆れた顔で微笑んだ審査員の先生に微笑み返して、「ああ、不合格だ」と思ったという。それでも結果はまさかの合格、二次試験に進むことができた。

二次試験当日、試験会場まで乗った電車で乗り物酔いをしてしまった夢乃さん。急行や特急といった速い電車に乗ったことがなかったので、

「すごいスピードで、外の看板がびゅんびゅん……。人も多いし、気持ちが悪くなっちゃった」

朝から疲れ切って、緊張もせずに試験が終了した。

当時は、三次試験の面接のみ私服着用だった。面接までに受験生の大半が脱落してしまうの

だが、そんなことなど知らない夢乃さんは、受験の募集要項にあった通り私服の用意をしていた。いつもお姉さんのおさがりを着ていた彼女は、宝塚の面接のためであろうと、新しい服は買ってもらえなかった。母が仕方なく持たせてくれたのは、姉が大学の入学式で着たグレーのツーピースだった。

「その服をスーツケースに入れて、新聞紙をかぶせてさ。単純に、お姉ちゃんの服を着られるのが嬉しかったんだよね」

他の受験生が清楚で可愛らしい「勝負ワンピース」を着ている中、ぶかぶかのジャケットと長いプリーツスカートを着た夢乃さんは、意気揚々と面接を受けた。

軽やかに階段を駆け上がるように、夢乃さんは宝塚音楽学校への合格を果たした。宝塚に合格できるとは全く思わず、受験中はホテルに高校の春休みの宿題を持って来ていたくらいだったので、

「人生が、これ以上ないってくらい、大きく変わりました」

合格発表の直後には音楽学校の入学説明を受け、授業に必要な物を購入しなくてはいけなかった。他の進路を選ぶ余地を与えない、宝塚の強気な姿勢には圧倒されるが、そのために受験生たちには親や受験スクールの先生が付き添っている。夢乃さんの母も付いて来てくれたのだが「合格するはずはない」と、一次試験が終わると京都観光をして多久市へ戻ってしまっていた。1人で合格発表を見に行った夢乃さんが、途方に暮れたのは言うまでもない。公衆電話で

山のように10円玉を積み上げて電話をかけ、母に合格を伝えたという。

夢乃さんの宝塚合格の知らせにびっくり仰天したのは、両親だけではなかった。佐賀県から宝塚の合格者が出たのは、実に15年振りだったのだ。バレエ教室の先生が大慌てで新聞社に連絡して、

「あれよあれよという間に、佐賀新聞の記事になっちゃった」

この記事を見て、「私も宝塚を目指そう！」と決意したのが、同じ佐賀県出身で後に宙組トップスターとなる朝夏《あさか》まなとさんだという。「私の記事のおかげでトップスターが生まれたって、凄くない⁉」と、夢乃さんはにやりと笑う。

涙の日々が始まった

高校進学から一転、しかも宝塚合格から1週間後には親元を離れての寮生活を送ることになり、迷いや不安はなかったのだろうか。

「いや、もう不安しかないよ。迷いはないけど、不安だらけさ」

宝塚音楽学校では芸事の鍛錬だけではなく、礼儀作法や団体行動を厳しく叩き込まれることで有名だ。当時、予科生は、本科生から徹底した指導を受けた。やるべきことや覚えることに追われ、携帯電話を持たずに宝塚へやって来た夢乃さんは、家に連絡することもできなかった。

ようやく母へ電話をかけたのは、寮生活が始まって1週間ほど経った夜中の3時。話し声が漏れると本科生に厳しく叱責されるため、布団を被って押し入れに籠り、同期生に借りた携帯

電話を握り締めた。驚いて電話に出た母に頼んだのは、

「黒いフェルト、送って！」

寮の廊下で足音を立てないよう、スリッパの裏に黒いフェルトを貼る決まりがあったのだ。自由に買い物に出かけられない状況で、フェルト1枚すら佐賀県の実家から送ってもらうしかなかった。2日後に速達で送られて来た小包を開けると、夢乃さんが頼んだ黒いフェルトが入っていたが、

「これ、おばあちゃんのお習字の下敷きやん」

深夜3時の電話とその内容に、娘の置かれた状況を察したのだろう。数日後に実家から届いたのは、真新しい携帯電話だった。

夢乃さんの心は、「とんでもない世界に来てしまった」という思いでいっぱいだったが、両親や同期生に弱音を吐く余裕もなかったという。

学校から寮への帰り道、小蝿がたくさん飛んでいる宝塚大橋を歩きながら涙ぐんだ。空に飛行機を見るたび、胸がうずいたが、故郷に逃げ帰る選択肢はなかった。冬になるとオリオン座が浮かび、綺麗な星を眺める一瞬だけ心が安らいだことは忘れられない。今でも毎年オリオン座を見ると、あの頃の切ない気持ちが蘇るそうだ。


本科生になると、ようやく芸事に集中する時間ができた。ここで夢乃さんは、経験年数が少ないバレエの壁にぶつかった。バレエの授業は、生徒の技術のレベル別にAからDまでの「課

外」に分けられていて、夢乃さんはD課外……バレエの初心者が基礎を習うクラスだった。

大変厳しい先生の集中指導を受けた彼女は、バレエのステップどころか、寒い窓際でひたすら腹筋のトレーニングをさせられていた。少しでもへこたれると「そんなんだから、あんたは万年D課外よ！」と叱られ、悔しさに歯軋りする日々。なんとか先生を見返したい一心で、夢乃さんは独自の練習法を編み出した。生徒全員が一緒に受けるバレエの授業で、自ら願い出てA課外生の間に入れてもらった。バレエの上手な人を穴が開くほど見つめて、真似をしたのだ。

「レッスン経験は違っても、同じ授業を受けるんだから、私だって同じ分だけ受け取れるはず。そう思ったの」

「くそー、見とけよ！」と先生への憎まれ口を胸に、休日だけではなく昼休みも返上でバレエの練習を続けた結果、卒業する頃には見事に成績が上がっていた。「これで努力を認めてくれるはず」と思ったが、先生からのお言葉は「私のおかげよ！」。またしても悔しさがこみ上げたが、バレエの授業で根性が身に付き、上手な人から学べることを知ったのだ。「確かに、先生のおかげとも言えるな」と、感謝の気持ちを抱いたという。悔しさが原動力になってバレエが上達した経験は、後の彼女を支える学びとなった。

2001年、87期生として入団し、宙組公演「ベルサイユのばら　2001」で初舞台を踏んだ夢乃さんは、星組に配属された。

受験当時「おイモみたいだった」と自らを語る彼女だが、「合格の理由かもしれない」と思うことがひとつだけあるという。

公演前の衣装の採寸で、多くの生徒の衣装合わせをしているお衣装部さんに、「あんた、手も足もえらい長いなあ」と度々言われた。この時、それまで少しも自覚していなかった自分のスタイルについて、意識するようになったそうだ。そのすらりとした手足を武器に、夢乃さんは若手男役の中で頭角を現していく。

星組の男役になるために

当時の星組は、上級生から下級生まで様々な男役が芸を競い合っていた。舞台の技術とマナー、礼儀や上下関係に大変厳しく、熱の入った指導で組がまとまっていた。

「10のことを言われたら、次の日に10、出来てもだめなんです。15、20、やって当たり前」

注意されたら反省して、次からどうするべきかを、自分で考えて自分で行動する。そうすれば、たとえ失敗しても成長できる。星組のその教えは、夢乃さんの「諦めない気持ち」を育てていった。

下級生の男役は「星組ジョッパー」と呼ばれるズボンでお稽古をする決まりがあった。ベロア生地で、足首が窄《すぼ》まったシルエット……つまり、ださい。「ジョッパーを穿いて格好良く見せられなきゃ、一人前の男役になれない」というわけだ。どんな格好だろうと誰よりも素敵になりたいと、夢乃さんは研究に励んだ。

演出家などの先生によるお稽古の他に、生徒だけで行う自主稽古というものがある。星組には、有名な自主稽古のやり方があった。男役だけのダンスナンバーを、下級生が1人ずつ踊ってみせるのだ。上級生の前では数人で踊るだけでもとても緊張するものだが、それをはるかに上回る恐ろしいお稽古だった。トップスターも組長（組をまとめる重要な役職の上級生）も目を光らせる中、言葉に出来ない緊張感に震えながら、夢乃さんは必死に踊った。大階段をまっすぐ降りるだけの振付でも滝のような冷や汗をかき、当然、とても厳しいダメ出しが飛ぶ。しかし、それはつまり上級生が自分のお稽古時間を割いて、芸のコツや技術を惜しげもなく教えてくれる場だった。この自主稽古は夢乃さんに、宝塚の舞台に立つ上で大切なことを教えてくれた。

「舞台の端っこで踊る時も、そのぐらい緊張感がなきゃだめなんですよ。大階段のてっぺんでも2階の客席からはよく観えるから、1列目の人と同じ気持ちで踊らないといけない」

何より、「自分が上手ければ良いのではなく、下級生を置きざりにしない」という星組の上級生の方々の愛情を感じ、ここで頑張ろうという気持ちが漲っていった。

「すっごい怖かったけどね！」

上級生から「それで舞台に出て、格好良いと思う？」と常に厳しく問いかけられた経験は、客観的に自分を見る力になった。

2学年上の若手スターに、後に星組トップスターとなる柚希礼音さんがいた。顔立ちも背格好もよく似ていたため、柚希さんと夢乃さんは頻繁に間違えられた。なんと、夢乃さんを応援する方が、柚希さんにファンレターを渡してしまうこともあったそうだ。下級生と見間違えられた柚希さんは気を悪くするどころか、「ともみ〜、お手紙もらって来たで〜」とにこやかに届けてくださった。研3の頃から新人公演で柚希さんの役を演じる機会が増えていったが、特別な気負いはなかったという。

「ちえさん（柚希さん）は、ずば抜けた実力と人気のあるスターさん。雲の上の人だからこそ、私は私だ！って思って頑張れたんです」

遥か上の存在であり、苦楽を共にして舞台を作った仲間でもある柚希さんは、その後夢乃さんが上級生になってもずっと尊敬する男役であり続けた。

新人公演の度に全力で唐の寿王や江戸末期の無宿人、頭の切れるカリブ海の情報屋など、様々な役に挑戦した夢乃さんだが、実はお芝居が苦手だった時期があったそうだ。

星組に入ったばかりの頃は、ダンスや歌と違い、「役を演じる」のがどういうことか、さっぱり分からなかった。お芝居が大嫌いで、演技も下手だったと自らを振り返る。

そんな夢乃さんが不思議な転機を迎えたのは、研5で出演した「龍星」だった。「囚われの男」役を演じた彼女は、牢に囚われて苦しむ人の動作も心情も理解できず、お稽古場では毎日のように厳しいダメ出しをされていた。

そんなある夜、夢を見た。彼女自身がどこかに拘束されて絶望し、もがき苦しむ夢だった。

翌日、夢で感じた気持ちのまま、お稽古場で「囚われの男」のお芝居をやってみた。前日とは打って変わって、夢乃さんの演技には豊かな感情がこめられており、先生も上級生も驚きながら褒めてくれたそうだ。このことがきっかけとなり、少しずつ「演じる」コツをつかんでいって、気がつけばお芝居が好きになっていた。

彼女は印象的な夢を見て、舞台の糧となったり心が救われたりした経験が何度もあるという。

「今は、寝る直前に子どもとお喋りしたことが、必ず夢に出てくるの。面白いよ」

夢の不思議さもさることながら、その夢に意味を見出して現実を変えられるのは、彼女の感性のなせる技だろう。

舞台の先頭に立つ

夢乃さんが特に憧れたタカラジェンヌは、元雪組の男役スター彩吹真央《あやぶきまお》さんだった。歌、ダンス、お芝居の全てが洗練され、抑えた表現で大人の深みを見せる舞台に心惹かれた。

「私自身のカラーとは違ったけど、違うからこそ素敵だと思ったんです」

そして、元花組トップスターの真矢《まや》ミキさん。強い個性を持ちながら多彩な色合いを表現できる、観客を飽きさせない魅力に引き込まれた。

「私も、夢乃聖夏にしかない！っていう、ぶれない個性を持ちたいって思いました」

では、夢乃さんの目標は、なんだったのだろうか。

「私ね、『バラタン』に入りたかったんだ」

バラタンとは、「ベルサイユのばら」のフィナーレナンバーのひとつである「薔薇のタンゴ」

のことで、男役スターたちがフリルのついた黒とゴールドの衣装で激しく踊る、宝塚ならではの格好良いシーンだ。研1の時から大好きで、「『バラタン』に出るためにはスターにならなくては」と熱意を抱いていたという。また、黒燕尾を着た男役のフィナーレナンバーの、前面で踊るピックアップメンバーになることも目標としていた。

具体的な目標を掲げたことで、夢乃さんはどんな公演にも全力で取り組み、自分が理想とする男役を目指して努力を続けることができた。

夢乃さんが、重要なチャンスである新人公演の主演を果たしたのは、2007年「エル・アルコン—鷹—」のティリアン・パーシモン役だった。

「主演が決まった時はもう、心臓が飛び出るかと思いました」

2年前の新人公演のアンドレ役での失敗を思い出し、本番の舞台を冷静にイメージしてお稽古に励んだ。難しい曲が多い作品だったため、苦手な歌への不安はあったが、思い切り自由にお芝居ができることに大きな喜びを感じた。

「それに、みんなの先頭に立って舞台を引っ張っていけるのがすごく楽しかったんです。トップスターさんと違って、たった1日だから出来たことだけどね」

堂々と新人公演の主役をやり遂げた彼女だったが、

「終演後に色んな上級生の方から『お芝居は良かったけど、歌が酷かったよ。もっと頑張ろうね……!!』って言われて。はい、ごもっともです！」

厳しいアドバイスを真摯に受け止めた夢乃さんは、事実、この新人公演をきっかけに意識的に歌に取り組むようになり、演技やキャラクター性を活かした歌い方が得意になっていった。でも、もう人前では歌いたくないと、苦笑いを浮かべる。

「今は毎晩、子どもたちに子守唄を歌ってる。一番はじめに眠るのは夫だけどね」


個性派男役スター、夢乃聖夏さん。熱く、豪快に、星組の男役スタイルを確立していった彼女は、2012年に思いがけないターニングポイントを迎える。大好きな星組から雪組へ、組替えの辞令を受けたのだ。

なんでもテキサス

かつて男役を極めたことは、今の生活で役立っていますか？　そう問いかけると、夢乃さんはきっぱりと言った。

「いいや。なんの役にも立ってないわ」

困ってることならあるよ、と、彼女は続けた。公園の砂場で子どもと遊んでいると、無意識のうちに足が広がっている。素敵な親子写真を撮っても、写真を見ればいつも男らしく仁王立ち。

かろうじて役に立っているのは、「声が大きい。着替えと化粧が速い。入浴も、食事も異様に速い」ということ。宝塚ではいつも時間に追われていたし、団体生活を守るために予定時刻より早めの行動が徹底されていたのだ。

「子どもの幼稚園では、うちだけ常に『5分前行動』しちゃう。そんなことしなくて良いのに、なかなか変えられないよね」

今の夢乃さんの口癖は、「子育てはテキサス」。「テキサス、テキサス、なんでもテキサスだー！」と繰り返す彼女をしばし黙って見守っていると、ようやく説明してくれた。彼女の中でテキサスは、「自由、広い、なんとかなる」というイメージで、のんびりと子育てをしたくてつい口にしてしまう。だが、実際は些細なことが気になって、なかなかそうはいかないという。

雪組にいた時も、夢乃さんは、舞台での技術や見せ方に細かく気を配る方だった。おおらかな人柄と繊細な配慮を併せ持っていた彼女だが、組替えをしてすぐに、そのキャラクターを大いに発揮することになる。


同じ宝塚でも、5つの組はそれぞれカラーが異なる。その頃の雪組は、日本物や、伝統的でしっかりとしたお芝居を得意としていた。男役12年目に雪組への組替えが決まった夢乃さんは、「星組らしい男役、暑苦しい夢乃聖夏」は雪組に似合わないのではと戸惑った。だが、その「星組らしさ」こそが期待されていたのだ。

プロデューサーに「あなたの情熱で、雪を溶かしてください」（本当にこう言われたのだと、夢乃さんは語る）と熱弁され、「私は変わらなくて良いんだ」と思ったという。「自分の道をぶれずに進むだけ。いや、まだまだパワーアップするぞ！」と決意した。

組替えの前には、普段は滅多にない長期休暇があり、夢乃さんは大好きなアメリカに90日間滞在した。ニューヨークでダンスや歌のレッスンに励んだが、ちゃんと食も楽しんだという。

「1日に2、3軒、ハンバーガー屋さんを巡ったら、体がニューヨークに慣れちゃって、いくら食べてもまだいける！　めっちゃ太りました」

元気いっぱいで帰国したあと、初めて雪組のお稽古に参加した。そしてすぐに、星組とは全く違う雰囲気に驚くことになった。


「双曲線上のカルテ」のお稽古場でのことだった。夢乃さんが真ん中で踊るシーンで、大きな歩幅で動く彼女に、誰も合わせてくれない。しっかりついて来てと伝えると、「端の人の位置がずれてしまいます」という返答。

「先生の指示を守るのも、確かに大事。でも、お客様に楽しんでもらうために『まずは大きく動く』、そして『真ん中の人に喰らいついていく』。そういう根本的な気迫が足りないと思ったんだよね」

「私なんてさ……」と、ある思い出を語ってくれた。星組時代に「長崎しぐれ坂」の蛇踊りのシーンで、下級生だった彼女は蛇の尻尾を持つ係だった。ダイナミックに動いたあとの、曲の最後の決めポーズでは、幕の中にすっかり入ってしまっていたという。

「でもそのままやったし、誰も気にしてなかったし。蛇が格好良けりゃ、私なんて幕の中で良かったのよ」

笑い話はさておき、夢乃さんは雪組の生徒に対して、もっと積極的に舞台に立ってほしいと感じたのだ。

私を見ればわかるはず

当時の雪組の生徒は、先生や上級生に言われたことを忠実に守る、真面目な雰囲気の人が多かった。まとまりはある一方で、自由奔放な勢いに欠けていたのは確かだ。だからといって各々が好き勝手にやれば良いということではないし、悪目立ちしてしまう難しさも、夢乃さんは理解できたそうだ。

「そりゃ、出る杭は打たれるよ。そこで雑草のように、『私だー！』って、頑張らんといかんよね」

大人しく見えた雪組の下級生だが、個性とやる気がないわけではないと、夢乃さんはすぐに気がついた。下級生をただ叱るだけではなく、お稽古の合間に言葉を交わし、彼女たちの声に耳を傾けたからだ。

１人１人が「変わりたい」、「もっと思い切り舞台で自分を表現したい」と思っているのに、どうすれば良いのか分からない。団体行動を守ろうとするあまり、新しい挑戦に踏み出せずにいたのだ。

黒燕尾のダンスナンバーでは、全体の空気感がわずかにずれているように感じる。みんな、一生懸命に踊っているのに、もったいない！と、夢乃さんは小さな工夫を伝えることにした。

たとえば、肩から肘までのライン。腕がぶれないことで体の動きが安定して、燕尾服にもシワがよらず、群舞がきっちり揃って見える。そういった、星組で学んできた技術や心構えが雪組のカラーと合わされば、より良い、より面白い舞台を作ることができると確信したという。

台本にはない台詞や動きを即興で演じるアドリブは、生の舞台の醍醐味だ。ふざけ過ぎてはいけないが、台本や演出を守りながらアドリブを考えることは、役者にとって勉強になる。夢乃さんは、その場の空気感を観客と一緒に楽しみたくて、積極的にアドリブを取り入れていた。毎日違う演技をする彼女を見ようと、舞台袖には下級生たちが集まるようになった。

「まず自分が心から楽しんで、生き生きと舞台に立ちたかったから。下級生がそれを感じてくれたのは、嬉しかったですね」

そんな夢乃さんだから、素晴らしい持ち味があるのに表現しない下級生を見ると、「もっと個性的に生きたら？」と発破をかけたくなったという。

「お客様のためでもあるけど、それと同じくらい、自分の人生も盛り上がった方が楽しいじゃない？って」

それは、改まって教えることではなかった。同じ舞台で私の姿を見ればわかるでしょ、と思っていたという。その言葉を聞くと、毎日のお稽古で新しいアイディアを出し、汗だくで練習していた姿が思い出される。厳しく注意した下級生に付き合い、居残ってお稽古をしたり、納得いくまで色々な方法で練習したり……。どんなに大変なお稽古でも、彼女はいつも楽しそうだった。「プロだから、舞台に私情は持ち込まない」と、何があっても舞台上では嘘のない笑顔になった。長い公演は1ヶ月半もあり、どうしても感情的になってしまう日もある。それでも踏みとどまっていつも通り舞台に立つ、それが夢乃さんの心の強さだった。

夢乃さんが舞台袖に立っていると、下級生が不意に歩み寄って来ることがあったという。少し言葉を交わしてしばらくすると「ああ！　元気が出ました！」とお礼を言って去っていく。「なに!?　私、パワースポットか？」と思ったというが、まさにその通りだったのだ。彼女が振りまく太陽のような明るさは、周囲を元気にして、次第に雪組の雰囲気を変えていった。

雪組の男役が夢乃さんから影響を受けたことのひとつが、公演プログラムに掲載される生徒のスチール写真だ。顔の角度や手のポーズなどで個性を出す人がいるが、夢乃さんの場合、斜めの角度から勢いをつけて大胆にフレームインする。その撮り方に憧れた下級生がコツを聞いて真似するほど、格好良かった。

「普通じゃ、面白くないもん。星組の組長さんだった英真《えま》なおきさんの撮り方に、私も憧れてたんだ」

英真さんは、役の雰囲気によってあえて視線を外したり、笑顔でも真顔でもない、一瞬で目を引く表情を作られたりしていた。それを見ていた夢乃さんは、撮影の前に自宅でポーズの練習を繰り返し、独自の写り方を研究したという。

「本当にやりたかったのは、3Dの写真。写真から飛び出したかったの。そうすれば公演プログラム、もっと売れると思わない？」

３Ｄではなくても、夢乃さんはいつも写真から飛び出して見えましたよ。そう伝えると、彼女は笑って、伝説のポーズを再現してくれた。

直感から生まれるアイディア

雪組で過ごした時間は、実際に在籍していた2年半の年月よりずっと長く感じるほど濃密だったと、彼女は語る。仲間も、作品も、出会った役も色濃かったと振り返るが、一筋縄ではいかない役でも、役作りのやり方は直感だったそうだ。

「台本って、人物の心がそのまんま書いてあるから、それをいじくらずに、素直に読むだけ」

膨大な量の台詞も、お風呂に入りながら覚えることが多かった。リラックスできる時間に台本を読むと、演技のアイディアもぽんぽんと思い浮かんできたという。

「私、星組にいた時は結構二枚目だったのにさ、雪組では笑いを取る三枚目の役ばっかり。なんで⁉」

そう言って、不満げな顔をして見せた。「まあ、マズウマ系男役を目指してたからだな」と呟く夢乃さんに、思わず「え⁉」と聞き返した。

「まずいんだけど癖が強くて、なぜかもう一度食べちゃう。そんな男役になりたかったんだよ」

マズウマ系⁉の豊かな発想力は、毎公演の宴会にも活かされた。夢乃さんの余興は星組仕込みの面白さで、下級生だけではなく上級生も楽しみにしていたほどだった。

宴会ではなくても、彼女のおかしなアイディアは止まらない。30歳の誕生日には「三十路《みそじ》を歩きたい」と言い、楽屋の廊下に、インスタント味噌汁の小袋をたくさん並べて、その路を練り歩いた。


そんな夢乃さんの持ち味が最大限に発揮されたのは、「Shall we ダンス?」のドニー役だ。ぴったりとしたリーゼントヘアに、派手な衣装。映画版では竹中直人さんが印象的に演じた、暑苦しい勢いで主人公にダンスの楽しさを教える重要な役どころだった。面白くて目が離せないと観客の間で大きな話題となったが、作り上げるまでには大変な苦労があったそうだ。

「私がこけると、この作品が失敗するんじゃないか。ものすごいプレッシャーでした」

主人公にたくさん絡みつつ演技の邪魔をしない。それでいて誰よりも目立たなくては、物語が進まない。最も難しかったのは、銀橋でのお芝居から賑やかなナンバー「Let's start a party night」に繋がるシーンだった。BGMのない無音の銀橋で、ドニーが話し出す。そこから派手に歌い踊り、主人公がダンスに引き込まれる流れをしっかりと見せなくてはならない。

「台詞のテンポ、滑舌、一歩の動きまで、めちゃくちゃ命懸けた。すっげえ練習した」

周囲にばかにされてもへこたれず、嬉しそうにダンスを踊るドニーの姿は、不思議な感動を呼んだ。好きなことに夢中になる楽しさに多くの人が共感し、「ドニーさんの人」と呼ばれるほど、観客の記憶に残る役となった。

元気に舞台に立って有意義な日々を過ごしていた夢乃さんだが、だんだんと、宝塚を卒業した後の人生について考え始めてもいた。

都会で生活したいという憧れが大きく変わったのは、30歳を過ぎた頃だったという。

「人生で何が大切か考えた時、家族の近くにいるのが私の幸せだって思ったの」

中学校卒業と同時に家を出て、1人暮らしを10年間続けた夢乃さんは、仲の良い家族と過ごす生活を欲していた。

はじめは心配ばかりしていた両親も、「ともみがやれるところまで頑張れ」と応援し、見守ってくれるようになった。夢乃さんもまた、遠くから支えてくれる家族に感謝し、「宝塚を卒業したら故郷に戻り、家族と一緒に過ごしたい」と思うようになっていった。

九州で結婚して、家庭を築きたい。そんな将来像を漠然と思い浮かべながら舞台に邁進していた時、雪組はひとつの節目を迎えていた。

生徒の世代交代が進み、夢乃さんは雪組の中でもより重要な男役スターとして扱われるようになった。上級生になればなるほど、重責がのしかかる。そう理解していたからこそ、簡単に「まだ宝塚にいたい」と言うことはできないと思い、結婚して家庭を持つという夢に心が傾いていった。それに、15歳の時から徹底して守ってきたタカラジェンヌのイメージが、彼女を苦しめてもいた。

「舞台の上では、よそ見してるお客様に『こっち見てよ！』って思うのに、休演日の私は誰にも見られたくなかったなあ」

疲れ切った顔、緊張の解けた姿で外出しても、ファンの方の視線を感じると気を抜けなかった。「宝塚の看板を背負う」ということは、いつ、どこであっても男役スターのイメージを壊さないように振る舞うことであり、それが次第に負担になっていた。

「舞台で全力を出し切っていたから、休日はもう、頑張ることができなかった」

はじめは自分に似合わないと思った雪組を好きになり、大切な役や仲間と出会った。組替え後、「ベルサイユのばら」に2度も出演し、「バラタン」の曲こそなかったもののスターの立ち位置で活躍した。黒燕尾のシーンでは、トップスターの近くで踊る男役になれた。下級生の頃から掲げていた目標を着実に達成してきた実感は、確かに夢乃さんの心を満たしていた。

宝塚の「とっつぁん」

卒業公演に選んだ演目、「ルパン三世―王妃の首飾りを追え！―」で、夢乃さんは最高の当たり役、銭形警部に巡り会った。

この作品は、早霧せいなさんと咲妃みゆさんの宝塚大劇場と東京宝塚劇場でのトップお披露目公演だった。夢乃さんと早霧さんは同期生、同じ九州地方の出身で、信頼し合う友人同士でもある。

夢乃さんにとって最後の、宝塚大劇場での初日。感慨に浸っているはずの彼女は、開演前か

‖ 夢乃聖夏 ‖

ら大騒ぎしていた。トップお披露目をお祝いしようと、２メートルほどのレッドカーペットを調達したのだ。数分といっても舞台裏にレッドカーペットを敷くなんて、スタッフさんから注意されそうなものだが、必死に準備する銭形警部を咎める者はいなかった。

「私の出番がお芝居のしょっぱなだったから時間がなくて、もう大忙しよ」

舞台へ向かう早霧さんは大爆笑しながらも感激して短いレッドカーペットを駆け抜け、初日の舞台裏は笑いに包まれた。どんな時でもとことん楽しむ、夢乃さんの他は誰も思いつかないアイディアに、組全体が盛り上がった出来事だった。

人気漫画のキャラクターを宝塚の生徒が演じられるのかと、心配の声もあった作品だったが、幕が開いてからは大好評だった。情に厚く格好良いルパン三世を演じた早霧さんと、敵だが腐れ縁の友情を演技に滲ませた銭形警部、夢乃さん。２人の阿吽の呼吸が観客の心を惹き付けたことが、公演が成功した理由のひとつだと思う。「夢乃聖夏」がふんだんに活かされた、銭形警部の演技だった。

そして忘れてはならないのが、宴会の余興だ。退団者は多忙なので余興をすることはほとんどないのだが、夢乃さんにはやり残した夢があった。

「どうしても、バラタンがやりたい」。彼女のその一言で錚錚《そうそう》たる上級生たちが集まり、宴会のステージで本番さながらのバラタンを披露した。ファンの方お手製の本格的な衣装を着て、夢乃さんは全力で踊った。笑いが止まらないはずが、私は涙が出そうだった。心と体の全てを今この瞬間に注ぎ、こんなにも精一杯生きる人が他にいるだろうか、そう思った。

「銭形のとっつぁんで退《や》められるなんて、私の宝塚人生、もう最高でしょ」

卒業までの日々を思い返して、夢乃さんは朗らかに笑った。

「毎日、『今日、退めても良い』って覚悟でやってた。今日だけに命懸けて、今日のことしか考えてなかった。いつ死んでも、悔いのない生き方をしようって思ってたから」

公演中の睡眠は、毎晩10時間。「終演後の1杯」を何より楽しみにしていた、豪快で格好良い「ともみん」は、観客にも生徒にも惜しまれながら泣き笑いの明るい千秋楽を迎え、宝塚を卒業した。

パワフル母ちゃんの土台

夢乃さんはもう、芸能活動をするつもりはなかった。卒業を決めてすぐに人生の伴侶に出会った彼女は、驚くほど理想通りの道を歩むことになる。宝塚を卒業してから7ヶ月後に結婚、すぐにお子さんに恵まれた。

「銭形のとっつぁんから急に花嫁、そして母。もう、人生の大転換だよね」

男役の人が宝塚を卒業すると、髪の毛を伸ばしたりスカートを穿いたり、それまでとは違う自分を満喫することがある。夢乃さんの場合は、

「一気にお母さんになったから、お洒落をする時間なんてなかったの。結局、今も、男役の時の格好のまま。ズボンが一番動きやすいからね」

現在は、子どもを幼稚園に送り出してから1日中、一番下の赤ちゃんのお世話をして過ごす。どれだけ忙しくても、お洒落を楽しめなくても、それは彼女が思い描いた「家族と過ごす日常」の幸せな毎日だ。

「自分が夢乃聖夏だったたっていうこと、もう忘れかけてるよ」

今、宝塚の舞台を観劇すると、1人の宝塚ファンとして見入ってしまうという。しかし下級生から意見を求められたら、「もっとこうしてごらん」とアドバイスがすらすら出てきて、自分でも驚くそうだ。昔から夢乃さんは、一度舞台を観ただけで多くの生徒の特徴をとらえる方だった。かつて男役を極めたからこそ出来る的確な指摘を本人にはっきり伝え、その改善方法を熱心に教えてくださる。

タカラジェンヌとしてもう一度、舞台に立ちたいと思うことはありますか。その質問に、夢乃さんは「ない」と即答した。完全燃焼したから宝塚の舞台に戻りたいとは思わないし、生まれ変わっても宝塚には入らない。その言葉は、彼女が少しの悔いもなく、男役「夢乃聖夏」に全力を注いだ証だった。

「生まれ変わったらね、アメリカの男の人になって、ヘイヘーイって言いたいよ。牛とか、追ってね」

カウボーイやねと笑う彼女に、もうひとつ質問を投げ掛けた。

では、もしもお子さんが「宝塚に入りたい」と言ったら？　彼女は、「応援します」と、今度も即答した。

「自分が楽しかったっていうこともあるけど、一番良かったのは、超素敵な人たちと出会えた場所だから」

宝塚で苦楽をともにした人とは、卒業して何年経っても仲良しでいられる。同じ舞台に立っていない生徒とも、すぐに意気投合できる。

「上級生も下級生も、貴重な仲間。たとえ性格や考え方は違っても、絶対に裏切らない人たちなんです」


夢乃さんにとって、宝塚とは何ですか。

「いや、もう、全てですよ。私という人間の土台だね。多分みんな、一緒のこと言うんじゃないかな」

そう言って、夢乃さんは微笑んだ。

「宝塚にいると、何があっても途中で投げ出すことはしない。宝塚で身に付けた体力と忍耐力、気力が、子育てに役立ってるしね」と、彼女は胸を張った。子育てに役立つことは、やはりあったようだ。

「私は他の人みたいに、憧れ続けて必死に努力して宝塚に入ったわけじゃなかった。それでも大切な第二の故郷が出来たんだよ」

それにね、と夢乃さんは続ける。

「宝塚で過ごした時間は、7割が辛いことだった。でも残りのたった3割が、他の場所では経験できない強烈な幸せで、それだけでおなかいっぱい」

おなかいっぱい。インタビュー中、彼女が何度も口にした言葉だ。お金を稼いでも名誉を手に入れても、心が満たされる人生には近づけない。宝塚でもらったものは、おなかいっぱいの幸せだった。その中には涙も悔しさもあるが、全てがかけがえのない宝物になり、夢乃さんの心を満たしている。15歳の時には想像もしなかった生き方が、夢乃さんを、今日の幸せへと導いたのだ。

もしも夢乃さんが退団せずにあのまま宝塚にいたなら……そんな想像をすると、夢乃さんは笑って呻き声をあげた。

「私だったら、化石になってるよ。いや、完全燃焼しすぎて、もう灰になってるわ！」

咲妃みゆ
［俳優］

自分自身でいるよりも、「誰か」を演じていたい

あなたにとって、宝塚とは何ですか。これまで元タカラジェンヌの方々にそう質問するたびに、宝塚への思いが形となった一言が返ってきた。たとえ同じ言葉でも、それぞれの生き様から生まれた一言はどれも異なる意味をもっていた。

彼女が語ってくれた、この問いかけへの答えは、彼女が宝塚にかけた歳月と情熱そのものだった。咲妃《さきひ》みゆさん。あなたにとって、宝塚とは何ですか。

「ゆうみ」の愛称で親しまれる咲妃さんは宮崎県児湯《こゆ》郡高鍋《たかなべ》町出身で、2010年に宝塚歌劇団に入団した。情感豊かな演技と楽器の音色のような輝きのある声は早くから注目され、月組から雪組へ組替えした後に、早霧せいなさんの相手役としてトップ娘役に就任。2017年に宝塚を卒業してから俳優として活動を続け、2021年には第46回菊田一夫演劇賞を受賞するなど、その演技は高く評価されている。

幼い頃から何度か転居した咲妃さんは、街中や山間、そして海の近くと、色々な場所で暮らした経験がある。いつも大自然が身近にある環境で、視覚や触覚、そして嗅覚を刺激されながら育った。たとえば……と、彼女は目を伏せ、懐かしそうに記憶を辿った。

「稲刈りの時期の土のにおい。荒れた海の香り。雨が降り出す瞬間のにおい」

こういった彼女の記憶と感性は、後の舞台で大いに活きることとなる。

「自然に触れさせる。芸術に触れさせる。礼儀作法を身につけさせる。それ以外は好きなことをやらせる。その4つの教育方針が、ずっと揺るぎなくある家庭でした」


小学校1年生の時に劇団四季の公演「美女と野獣」を観劇した咲妃さんは、生まれて初めて知ったミュージカルの世界に憧れを抱いた。小学校4年生で再び劇団四季の公演「ライオンキング」を観て、彼女の気持ちはさらに熱くなった。

「これだー!!って、心が燃え上がりました」

子役が演じる「ライオンキング」のヒロイン、ヤングナラになりたい……いや、なるんだ！と情熱の赴くまま、すぐに全ての曲を歌えるようになった。だが当時は情報が乏しく、どうすればミュージカル俳優になれるのか見当もつかなかった。そこで咲妃さんは、観劇したミュージカルの公演プログラムに掲載されている全キャストの経歴を読んだ。芸術大学を卒業した人が多いと気が付いたが、彼女の周りに芸術系の学校へ進む人は1人もいなくてそれ以上の情報には辿り着けず、なかなか進む道が見えてこなかった。

それでも熱い気持ちを捨てられなかった咲妃さんは、小学校5年生の時の「将来の夢を書く」という授業で、「ミュージカルスターになりたい」と書いた。それは、彼女が初めて夢を表明した瞬間だった。でも彼女に出来ることといえば、手に入れたミュージカルのCDを繰り返し聴いて、全曲を歌えるようになることだけだった。

中学校に進んで少人数の合唱部に入ると、歌うことがどんどん楽しくなった。当初は弱小クラブだった合唱部だがコンクールで良い成績を残すまでに成長し、「みんなで歌い、ひとつのものを作り上げる楽しさ」を彼女に教えてくれた。けれどやっぱり、ミュージカルに出るのは遠い夢のままだった。

その頃には、得意だった英語を活かして、将来は通訳やツアーコンダクターになりたいと考えるようにもなっていたが「心底、その職業に就きたいのか」と考え込むこともあった。そんな咲妃さんに、父が突然、ある提案をした。

人生の目標をしっかりと定めて欲しいという思いから、「同世代の女の子たちが夢を叶えようと必死に努力している姿を見れば、刺激を受けるのでは」と考えた父は、大学受験の1年前に宝塚音楽学校を受験してはどうかと勧めたのだ。

「宝塚音楽学校がどんな所か、父自身も詳しく知らなかったそうです。それが、まさか本当にそこに進むことになるなんて……」

合格するはずのなかった宝塚受験

宝塚音楽学校受験のためのレッスン期間は少なくとも1年ほど、中には小学生の頃から家族一丸となってレッスンに励む少女もいる。だが、咲妃さんがレッスンを始めたのは宝塚受験のわずか2ヶ月前のことだったので、合格の望みは薄かった。

小学校高学年から妹と2人でクラシックバレエを習っていたが、それに加えて宝塚受験コースのある教室で、歌やダンスを基礎から習い始めた。教室の先生から「今年は不合格だと思うけれど、来年も受けるならその練習になる」とアドバイスを受け、咲妃さん自身も合格するとは思っていなかったそうだ。試験会場の宝塚市へ向かうために飛行機に乗るということだけで、大冒険の気分を楽しんでいた。

彼女が初めて宝塚歌劇を実際に観劇したのも、この時だった。演目は月組公演「ME AND MY GIRL」、明るく楽しいミュージカルに咲妃さんの心は躍った。

「宝塚って、なんて素敵な世界なんだと思いました。それで受験を頑張ろうって、心が熱くなりました」

宝塚歌劇についても宝塚音楽学校についても、予備知識がほとんどなかった咲妃さんにとって、この受験は驚きの連続だった。宿泊したホテルでは、早朝4時頃から他の受験生の発声練習の声が聞こえてきた。試験会場で気合の入った人たちに圧倒され、その上、ダンスの試験で見かけた元男役の振付家・尚《しょう》すみれ先生を、格好良い男性だと勘違いしてしまったという。当時のことを振り返り、「有名な先生なのに、なんてこと」と顔を赤らめた。

そんな咲妃さんだったから、合格発表で自分の番号を見つけた時の率直な気持ちは、「どうしよう、受かってしまった……」。

思いもよらない合格に「喜びより、『目が点』状態」だったが、手が届かないと思っていた「舞台の世界」への道が開けたのだ。

彼女の合格に、一番衝撃を受けたのは父だった。娘が精神的に成長してから大学に進めるようにと提案した宝塚受験だったのに、突然、関西地方に1人で行かせることになってしまったのだから無理もない。それでも両親は、高倍率の試験を突破した娘の進路を応援してくれたという。

だが、音楽学校への入学準備のために帰宅し、祖父母の家へ宝塚合格の報告に行った時のことだった。咲妃さんの家族や親族の多くは公務員の道を歩んでいて、咲妃さんもそうするべきだと考えていた祖母が、烈火の如く憤ったのだ。孫の幸せを願う愛情ゆえのことだったが、それまで一度も声を荒らげたことのない優しい祖母が初めて見せた激しい怒りに、咲妃さんは驚いた。それでも彼女に、宝塚音楽学校への入学を諦めるという選択肢はなかった。

「宝塚に関する知識は少なかったけど、とても貴重で有難い合格だということは分かっていましたから」

こうしていよいよ宝塚音楽学校に入学すると、2年間の寮生活が始まった。

母からもらった太字の言葉

「宝塚音楽学校の受験の時期には、まだ自我がきちんとは確立していませんでした。あの時に、宝塚とは何かっていう絶対的な考えを刷り込まれた感じですね。私にとってそれは良い結果に繋がったので、最良のタイミングで宝塚と出会えたんです」

身につけるべき知識や技術を学ぶことで精一杯だった彼女は、全くホームシックにならなかった。辛くても、本科生や同期生の前で泣くことは決してしなかった。その理由は忘れてしまったそうだが、涙を流すよりひとつでも多く学ぼうとする強さと前向きさを感じる。

「冷静だったわけではなく、ただ夢中だったんです」

宝塚音楽学校2年目の本科生になると、本格的な芸事の練習がますます楽しくなっていた。それまで演劇経験はほとんどなかったものの、演劇の授業の成績は良かったという。この頃から、お芝居の才能は発揮されていたのだろう。

「いやいや！　でも確かに、あの時から、お芝居が好きだったんですよね」

そんな2年間の日々のなかで、咲妃さんは、宝塚音楽学校に送り出してくれた母の言葉をしばしば思い出した。

「ゆうみは根性がある。お母さん、それだけは自信を持って自慢できるわ」

可憐な宝塚の娘役になろうというのに、根性⁉とびっくりしたが、娘の本質を見抜いた流石《さすが》の一言だったと振り返る。

「墨で太くデデンって書かれたみたいに、『根性』が心に残ったんです」

華奢で愛らしい外見の内側に太字の「根性」を秘めて、憧れの舞台に立つため、咲妃さんは第96期の娘役として宝塚歌劇団に入団した。

お芝居が楽しかった頃

2010年、月組公演「THE SCARLET PIMPERNEL」で初舞台を踏んだ後、咲妃さんはそのまま月組に配属された。お稽古と公演で大好きなお芝居に夢中になれる毎日を、彼女はただただ楽しんでいた。だが、入団してすぐに重要な役をもらうようになると、「必ず良い演技をして責務を全うしなくては」という責任感が芽生えた。

「だから、私が本当に心から宝塚を楽しんだ時期は、すごく短かったんです。でもそれは、早くから宝塚をお仕事として認識出来たということで、私にとっては良いことでした」

目立つ役をもらい、周囲の期待を感じるようになっても、「トップ娘役になりたい」という思いはなかったという。

「ただ、劇団が私という生徒を必要としてくれているのなら、その期待に応えなくてはという気持ちだけがありました」

「この時までは、純粋に楽しい気持ちで舞台に立っていた」と振り返るのは、2012年の「ロミオとジュリエット」だ。この新人公演で、咲妃さんは研3の若さでヒロインのジュリエット役に抜擢された。だが彼女はヒロインということより、憧れの役を演じられる喜びではち切れそうだったという。

トップ娘役に就任する以前から、咲妃さんはいつも謙虚過ぎるくらい謙虚な姿勢で、特に上級生と言葉を交わす時には少しの隙もないほど礼儀正しかった。「反省している時は凄い勢いで『すみませんでした』って謝るから、顔の距離が近いって、さらにご注意を受けていました」

そんな姿勢は入団当初から変わらないのだと、咲妃さんは恥ずかしそうに笑った。

その誠実な態度は、実は前向きな気持ちから生まれたわけではなかったそうだ。「両親からの教えの影響かもしれない」と、子どもの頃の記憶を話してくれた。

咲妃さんの両親は共に教師だったこともあり、その教育は細やかなものだったという。たとえば、お小遣いは毎月もらうのではなく、必要な時に予算を考えて両親に説明してお金をもらっていた。また、学校の試験の結果が出ると必ず、父と反省会をした。それは高得点を取れという叱責ではなく、「目の前のやるべきことに、しっかりと取り組んでほしい」という考えゆえだったという。

また、咲妃さんの言動が良くないと判断されると、父から「何が悪かったと思うか、言ってみなさい」と意見を求められた。宝塚に入ってからも、目上の人に自分の意見を述べるとなると、子どもの頃と同じように緊張感を抱いたそうだ。

「私の癖なのですが、相手が求めている答えを予想して、正解の言葉を考えてしまって……。それがとてもしんどかったです」

可愛らしい外見に似合わない根性と謙虚過ぎる姿勢のせいか、上級生からは「ゆうみは変わってる」「実は芯が強いね」と言われることが多かった。それは「娘役らしくない」という意味にも聞こえて、そう言われる自分が嫌いだったが、「人とは違うところがある、芯の強い自分こそ私なのだ」と、自信を持って表明する勇気もなかった。

「だけど、演技をしている間は別人になれるじゃないですか。だから、お芝居することが好きだったなあ」

お芝居をしていると自己肯定が出来る上にたまらない高揚感が得られ、咲妃さんはますます舞台の世界にのめりこんでいった。

「春の雪」の思い出

綾倉聡子《あやくらさとこ》役を演じると決まった時、どんな気持ちでしたか。この質問に、咲妃さんはしばし深く考え込んだ。沈黙の後で出た言葉は、「怖かったです」。

「ロミオとジュリエット」の新人公演でジュリエットを演じたすぐ後、咲妃さんはバウホール、日本青年館公演「春の雪」のヒロインに選ばれた。東京での上演を含む作品でのヒロインを研3でつとめるのは、めったにない大抜擢だった。しかし原作である三島由紀夫の同名小説を読んだ咲妃さんは、「この役が自分につとまるだろうか」と言葉を失ってしまった。

聡子は、主人公である松枝清顕《まつがえきよあき》よりも年上の気高い女性で、彼女の恋心が変化していく様が物語の要となる。しかも相手役は、後に花組トップスターとなる明日海りおさん。確かな実力と美しさを兼ね備えた男役さんで、清顕役にぴったりだと期待されていた。その明日海さんと対等に向き合い、豊かな情感を繊細に見せていく難役に、まだ20代になったばかりの咲妃さんが挑むことになったのだ。

　脚本、演出を担当した生田大和《いくたひろかず》先生の高度な要求に応えられない自分が情けなくて、お稽古が終わって帰宅すると毎晩涙が溢れた。明日海さんは優しく、演技の技術や感情表現について手取り足取り教えてくださったが、

「不器用な私はちっともついていけなくて……ご期待に添えず申し訳ありませんといつも思っていました」

「聡子役は、咲妃みゆで大丈夫なのか。おそらく周囲はそう思っていたはずですが、当時はそんな声を気に掛ける余裕もありませんでした」と語る。

　初日の幕が開いてからも、咲妃さんにとっては苦労の連続だった。着物姿で舞台に出るのも初めて、舞台メイクも鬘の被り方も試行錯誤を続けたが、最後まで満足のいく仕上がりにはならなかったそうだ。それでも舞台に立てば、物語の世界に集中した。結果、咲妃さんの演技は好評を博し、彼女を実力派の新進娘役スターに位置付ける作品となった。「春の雪」は小作品ながら、いまだに名作と語り継がれている。

　だが咲妃さん自身は、この公演を「力不足を痛感した作品」と浮かない表情で語る。「でも、観客から称賛されていると知った時は、達成感を得られたのでは？」と訊いてみた。彼女はうーんと眉間にしわを寄せ、「達成感」と繰り返した。

「達成感は、今まで一回も、感じたことはないですけど……お褒めいただくと、少しだけ安堵しました」

「ヒロインじゃなくて残念だったね」

取材中に何度も感じたのは、彼女は褒められた時に「やった！」ではなく「ほっとする」ということ。称賛する観客の反応を見ても「私は良い演技をしたんだ」と満足することはないんですと、彼女はため息まじりに微笑んだ。

その言葉を裏付けるのが、「春の雪」を含め、今まで出演した作品の映像は、ほとんど見返したことがないという事実だ。自分自身の演技を見ることは今後の舞台に役立つと理解してはいるが、どうしても出来ない。

「自分が想像している演技の出来栄えの、半分以下の演技を見ると、心の底からがっかりしちゃうから。映像を見ることは、私にとってはプラスにならないんです」

それに彼女は、あまりにも褒められると、過大評価をされている気がして不安になるという。実力派と評価される彼女だが、自分の演技を見るとがっかりするという言葉に、咲妃さんが目指す領域の高さが窺える。

そんな彼女が、周囲の過度な期待を感じた出来事があった。「春の雪」の次作の、「ベルサイユのばら」の新人公演で、咲妃さんは民衆の女・ジョアンナ役をもらった。大勢の民衆で作り上げる迫力あるシーンを演じてみたかった彼女は喜んだが、周囲の人たちからは「ヒロインじゃなくて残念だったね」と慰めや励ましの言葉を掛けられてしまい、困惑したそうだ。

「私の思いはみんなの期待とは違うんだな……と。でもそれで良いんだ、私は好きな役に全力で取り組もうと思ったんですよ」

怒りや悲しみを跳ね除けて自由を求める市民ジョアンナを演じられたことは、大切な経験として今も心に残っている。そして、どんな役にもまっすぐ丁寧に取り組む咲妃さんに、再び大きなチャンスがやってくる。

衣通姫の「言葉」

2013年、バウホール公演「月雲《つきぐも》の皇子《みこ》」で、後に月組トップスターとなる珠城《たまき》りょうさんの相手役を、咲妃さんがつとめることになった。脚本と演出を担当した上田久美子先生は、人物や風景を細密に描き、凛とした世界観を舞台に打ち出す演出をされる。そのためには一切の妥協を許さない、厳しいお稽古をする方だった。

「先生からハイレベルな要求をされるお稽古は、すごく難しかったです。でも、演じれば演じるほど役の理解が深まっていくのを経験出来たことは大きな学びでした」

咲妃さんが演じる衣通姫《そとおりひめ》は、物語の前半ではほとんど言葉を発しない。お芝居が進むにつれて抽象的な台詞を重ね、その生き様で物語の本質を表す役だった。うわべの雰囲気や勢いでは摑めない役柄を、どのように作り上げたのかと尋ねると、上田先生の思い描く衣通姫を追求するのに必死だったと彼女は答えた。

「自分がどうしたいかは、私にとっては二の次、いや、三の次くらいなんです。だから……すごく時間がかかります。まず演出家さんの要望を理解するところから始めるから、どのお役を演じるのも、大変」

演出家からすれば手のかかる役者です、と笑った。

咲妃さんは、儚く清らかな女性が運命に抗う様を演じ切った。衣通姫を通して、「人間には何層もの感情があり、表に出る気持ちはほんのひと滴《しずく》なのだ」と学んだという。

下級生ながら着実に経験と実力を身につけた咲妃さんは、「ルパン―ARSÈNE LUPIN―」の新人公演では再びヒロインに選ばれ、月組娘役スターとしてますます脚光を浴びていく。


ＣＳ放送の「タカラヅカ・スカイ・ステージ」では、生徒へのインタビューや公演の座談会が放映される。若い頃から主要キャストに選ばれていた咲妃さんは、スカイ・ステージの番組への出演機会が多かった。だが、上級生の中でカメラを向けられ、「あなたの役柄は？」「好きなシーンは？」などと質問されても、うまく答えられなかった。

「まだ下級生ですし、お稽古場では叱られてばかりでご迷惑をかけている立場で、偉そうにお話できないですよ。どうしようって思っていると、話すテンポがどんどんゆっくりになって……『時を止める達人』でした」

当時の自分を振り返り、咲妃さんは声を上げて笑った。ただし、どれだけ時間がかかっても、嘘の気持ちを語ることはしなかったという。

役が憑依したかのような演技で観客を圧倒する舞台姿と、カメラの前で口ごもり遠慮がちに話す姿には大きなギャップを感じた。本人としては辛い仕事だったようだが、そこが可愛らしく魅力的だったと、視聴者の1人として伝えたい。

新たな一歩

様々な役の経験を積み重ねた下級生時代、特に忘れられないのは、「THE MERRY WIDOW」のヒロイン、ハンナ・グラヴァリ役だ。とあるシーンのお稽古で、演出の谷正純《たにまさすみ》先生が突然「咲妃、好きに動いてみろ」と指示を出した。それまで「こうやってみたい」と自ら動いたことなどほとんどなく、自分のアイディアに自信がなかった咲妃さんは大いに動揺した。だが「出来ません」とは言えないお稽古場で、彼女は腹を括った。

とりあえず思いつくまま大きく動き回り、喋ってみると、谷先生が大笑いして喜んだという。気がつくと彼女のお芝居には、より豊かな感情が伴っていた。

「時には、とにかくやってみるということが大切だと学んだお稽古でした」

下級生の頃から今に至るまで、咲妃さんが目標にしていることがあるという。

「演出家さんに、この人面白いなって思われること」

ヒロインを演じる時も、メインキャストであることを意識するより、登場人物の1人としてうまい調味料でありたいと思って取り組んできた。「THE MERRY WIDOW」のお稽古場で自分の新たな一面を見出し、「面白い」と言われた経験は、またひとつ彼女を成長させた。そしてこの公演期間中に、咲妃さんは、雪組へ組替えになると知らされた。

約4年間慣れ親しんだ月組を離れることは、とても寂しかった。自分は「迷惑ばかりかける下級生」だと思っていた咲妃さんだが、月組の皆さんは大いに別れを惜しんでくれて、その思いがけないあたたかな空気に驚いたそうだ。組替えの後も、月組の生徒と会えば楽しげにお喋りしていた彼女の姿が印象に残っている。

そして、当時の雪組はトップスターの世代交代の時期を迎えていたが、咲妃さんの雪組への組替えは、「トップ娘役」の立場が約束されたものでは、まったくなかったという。それに咲妃さんは、どんな立場になるかというより、新しい環境で舞台に立つことがただただ楽しみだった。そして組替えをきっかけに、もっと積極的に人と関わろうと決心していた。

「相手と関係性を築くことを恐れずに、人の言葉を心で受け止める。新しい環境で、そういう人になりたいって思っていました」

それまで、他者から評価されることで自分の価値を見出していた彼女は、自ら「どういう人になりたいか」を模索し始めていた。

早霧せいなさんとの出会い

新人公演や小劇場公演のヒロインに立て続けに選ばれた時期、自分の立ち場が上がっていくことは自覚していた。それでも咲妃さんにとって、役はステップアップの道具では決してなかった。

「今演じている役に全力で取り組んだら、その先にやっと一筋の光が見えてくる。その繰り返し。『この役をやれば安定した立場にいられる』なんていうことは絶対にないんです」

その考え方は、今も変わっていない。豪華な大作の舞台に立っても演じることで精一杯で、誇らしさよりも不安が付き纏うという。

「お芝居には、正解がない。ゴールもないから、どれだけやっても足りないように思えてしまう……」

そう、呻くように語った。それでも舞台に立ち続けるのは、どうして？　その問いに、彼女の瞳がきらりと光った。

「舞台に立たせていただけることは、しんどくても、嬉しいからです」

後に雪組トップスターとなった早霧せいなさんに初めて声をかけられたのは、組替えが決まってすぐ、雪組公演を観劇しに行った時のことだった。失礼がないよう楽屋で静かに座っていた彼女を見つけた早霧さんが、「おおー、来たね！　よろしく！」と満面の笑みで呼びかけてくださった。あたたかくまっすぐなその声は、組替えへの気負いと緊張を一瞬で拭い去ってくれた。それに、同じ九州出身ということにも勝手に親近感を持っていましたと、秘密を打ち明けるように教えてくれた。

そんな早霧さんと初めて共演したのは、咲妃さんが雪組へやって来てすぐ、全国ツアー公演「ベルサイユのばら」だった。緊張感でいっぱいになりながら、「ベルサイユのばら」のお稽古場へ組替えの挨拶に行くと、全国ツアーチーム以外の雪組生まで集まって、笑顔で迎えてくれた。みんなに囲まれると「動物園のパンダになった気分」だったが、心細さが一気にほぐれた出来事だったという。

　私が初めてお稽古場で見た咲妃さんは、華奢な体をいっぱいに使い、丁寧に演技をする瑞々しい娘役さんだった。月組から来てすぐのヒロイン役だったが、驕った態度は少しもなく、雪組の下級生として勉強したいという姿勢が随所に感じられて、下級生ながら彼女を見上げる気持ちになった。このお稽古期間中に、咲妃さんは早霧さんの相手役として、雪組トップ娘役に就任することが決定した。

　トップコンビのプレお披露目となった日生劇場公演「伯爵令嬢」、そして宝塚大劇場、東京宝塚劇場でのお披露目公演「ルパン三世―王妃の首飾りを追え！―」「ファンシー・ガイ！」を終え、咲妃さんは雪組のトップ娘役として走り出した。

　トップコンビは毎回、重要な関係性の役柄同士を演じ、「組の顔」として常に最高の演技を求められる。どちらかが良くても、2人のコンビネーションがうまくいかなければ魅力的な舞台にはならない。

　早霧さんは芸事を追求し、雪組を背負う強い気迫のある方だった。相手役にも高度な技術と表現を求めたが、それは咲妃さんの魅力を最大限に引き出すためだった。早霧さんが、「ゆうみちゃんは、どれだけ厳しく注意しても次の日には魂入れ替えてお稽古場に来るんだよ。だから私も、本気で頑張るしかないよね」と苦笑いを浮かべて話していたことが思い出される。咲妃さんにそう話すと、首を横に振って「私というより、ちぎさん（早霧さん）が、毎日新たな心で私を迎えてくれたんです」と話した。

「何があっても、絶対に、ちぎさんと向き合い続ける。そう誓っていました」

だから、どんなに叱られても、翌日にはまた早霧さんの懐に飛び込んでいった。あまりに指導に熱が入り、シリアスな状況に耐え切れなくなった早霧さんが、途中で笑い出してしまうこともあったという。涙を流している自分との対比が可笑しくて、咲妃さんにも笑いがこみ上げたが、流石になんとか堪えたそうだ。

泉を演じて学んだ日々

これまで簡単に演じこなせた役はひとつもなかったが、中でも極め付けだったのが、「星逢一夜」の泉役《せん》だという。

江戸時代中期を舞台にした物語、咲妃さんは、幼なじみの2人の男性の間で揺れ動く泉の子ども時代から母になるまでを演じた。「月雲の皇子」のときと同様、脚本と演出を担う上田久美子先生の指導は厳しかったが、「先生のように、私も絶対に妥協はしない。何が何でも喰らいついていく」と決意していた。

「今までの経験と知識が、泉の演技を、どうか助けてくれますように。そう、ずっと思っていました」

お稽古場に一歩足を踏み入れれば、そこから「星逢一夜」の世界が始まる。その全ての瞬間に魂を込めていく、そんなお稽古期間だった。「否定されればされるほど、心が燃えた」とまで語る彼女は、上田先生と早霧さんに挑むように、泉という役を突き詰めていった。

大きな助けとなったのが、幼い頃の体験だったという。豊かな自然の中で育った咲妃さん自身の五感の記憶が、九州地方の里山で暮らす泉の息吹となった。物語の後半、貧しい身なりで子どもの世話をする泉の姿は、宝塚のトップ娘役のイメージとは程遠い「疲れた母」そのものだった。疲労感を滲ませながらもぬくもりのある「お母さんの声」は、意図的に作りこんだわけではないと、彼女は打ち明けた。

「声を変えてるねって言われても、無意識でしたね。役を演じると、その人物がボールになって、声帯の位置をすとんと落とす……そんな感覚」と。

この「星逢一夜」でもそうだが、咲妃さんはトップ娘役就任後も、新人公演に出演していた。トップ娘役は多忙を極めるため、研7以下でも新人公演の出演を取りやめることが多いなか、体力的には辛くても、同期生や学年が近い生徒と一緒に新人公演に参加出来ることが、彼女は嬉しくて仕方がなかったという。「おこがましいのですが……」と遠慮がちに語ったのは「台詞のない役の楽しさ」だった。台詞という制約がなければ表情や動きを自由に付けられると改めて気が付き、わくわくして演技を作り上げたという。それは、本公演でヒロインを演じる時にも役立つ貴重な経験だった。

本公演ではどれだけ集中しても上田先生の高い要求に届かず、多くの注意を受けていたが、東京公演の最後の10日間、「泉が分かった」と感じたという。それは「誰の指図も受けずに、自分の意志で舞台に立ち演じている」という意識でもあった。咲妃さんがお芝居をしてそう感じたのは初めてだったそうで、その日から先生からのダメ出しが減った。過酷なお稽古と公演を乗り越え、お芝居に取り組み続けた末に、ついに咲妃さんは泉という人物を摑み、自らの意志を確かめることができたのだ。

「そのはずだったのに。1年半後に、えらい目に遭いました……」

2017年、「星逢一夜」は選抜メンバーにより中日劇場で再演されたのだが、初演の千秋楽で「これ以上の演技はできない」とまで感じた咲妃さんにとって、この公演は過去の自分との闘いだった。

「『あの時はできたのに』って、なんて残酷な言葉なんだろう……。本当にしんどかったです」

もがき、苦しみながら再び役と向き合ったものの、「泉が分かった」と感じられた1年半前の感覚までは到達し切れなかったという。再演の難しさを突きつけられた経験だった。

どうしても声が出ない

「どんな役でもこなせる」というイメージの一方で、咲妃さんはトップ娘役をつとめるなかで苦労したことも多かったという。そのひとつが、公演の制作発表の会見だった。記者の人たちから様々な質問をされると、下級生の頃のように「正しいことを言わなくては」と身構え、言葉が出て来ない。トップ娘役に就任して初めての制作発表の前には、質疑応答が著しく苦手な彼女だけ、特別に事前練習させられたほどだった。

そんな苦手意識とは裏腹に、制作発表やインタビューでの早霧さんとの掛け合いは「面白い」「夫婦漫才みたい」と話題になった。早霧さんの言葉に対する咲妃さんの生真面目な返答がかえって可笑しく、仲の良さを自然に醸し出していた。そして2人はそれぞれの愛称から「ちぎみゆ」と呼ばれ、絶大な人気を得ていく。

「お客様の応援が、すごく励みになりました。『ちぎみゆ』っていう言葉を耳にすると、いつもこそばゆくて、何より嬉しかったです」

まるで初恋を思い出すかのように、咲妃さんははにかんだ。

「私の宝塚人生を語る上で、この作品を外すことはできませんよね」

覚悟を決めたような面持ちで彼女が語り出したのは、「るろうに剣心」のことだった。大ヒット漫画の舞台化とあっていつも以上に注目を集めた作品で、彼女が演じた神谷《かみや》薫《かおる》は、少年漫画のヒロインらしい快活で健気な剣術の師範代。長編漫画を3時間足らずのミュージカルに仕上げ、そのテンポ感が爽快な活劇だった。

だがここで咲妃さんは、壁にぶつかってしまった。剣術への熱い思いや剣心との恋……薫の複雑で繊細な気持ちを丁寧に演じようとすると、観客をわくわくさせるスピーディーな展開にどうしてもついていけない。役作りに悩んだ咲妃さんは、過度の疲労と心労が重なり、自分の体調をコントロールできなくなってしまった。やがて声帯の状態が悪化して、どうしても声が出ない症状に襲われた。周囲は出来る限りのサポートを考えたが、実際に舞台で声を発しなくてはならない、しかもヒロインという責任のある立場で闘う咲妃さんを、真実助けるには至らなかった。慰めや励ましの言葉をかけようにも、かえって傷つけることになるのではと、私自身、思い留まってしまった記憶がある。

この辛い経験は、痛みと悲しみと共に、咲妃さんに忘れがたい学びをもたらした。お客様や組のみなさん、関係者の方々に申し訳なかったと語った上で、

「どん底を経験すると、人は強くなれる。経験しないに越したことはないけれど、私には必要なことだったと、今ようやく思えるんです」

それまでは強い気力だけで、疲労や体調不良を乗り切っていたが、「気持ちだけで頑張ると、体がついてこられなくなる」と身を以て知った。各方面から心配の声が上がる中、彼女はプレッシャーに耐え抜き、逃げずに舞台に立ち続けた。

「逃げなかったというより、私には……逃げる場所なんてなかったですから」

今はもう明るい口調で語る彼女だが、その一言には、精神と肉体が過剰に追い詰められた過去の重みがあった。

在団中の息抜きや気分転換について質問すると、咲妃さんは「ないです」と即答した。休日にマッサージを受けていても「ああ、ここが凝ってるな。ということは、ショーのあの振りがうまくいっていないのかも」というように、公演や舞台のことが頭から離れずリラックスできなかった。舞台のことであまりにも心身が煮詰まっていた時、心配した知人が「気晴らしに」と海へ連れて行ってくれたことがある。でも、

「せっかく海を見たのに、自分でも驚くほど、楽しめなかったんです……」

「自然を見ると心が和む」というアドバイスは有効な時もあるけれど、やっぱり私はとことん舞台のことを考えるしかなかったのだと、咲妃さんは笑って振り返る。


どんな役でも、咲妃さんが扮すると「そこに生きている」ようだった。その演技で多くのファンを魅了し「天才肌」と呼ばれた彼女が「これはあまりお話ししたことがないのですが……」と語り始めたのは、驚くような言葉だった。

役を作るということ

「宝塚では、自分自身で『こういうふうに演じたい』と思って演じたことは、一切、ありませんでした。私は、自分で役に色付けすることが出来ないし、したくないです」

演出家の思い描く人物になるために台本を読み込み、与えられた指示を守り、他者からのアドバイスと知識を自分の中にたくさん溜めこむ。そして舞台に立つ。感情豊かな名演技だったと言われた多くの役を、彼女は「ロボットみたいに演じていた」と語る。

誰かが想像する人物を正確に体現することは、鋭い感性と驚異的な表現力がなくては出来ないと、私は思う。人は誰でも主観的に物事をとらえ、表現するとなれば、なおさらそこには自己主張が入り込む。「演出家の思い描いた人物」を演じても、その役の中にはちゃんと咲妃さん独自の表現が活きていたと思うのだ。そう伝えると、「確かに！」と、彼女は頷いた。

「じゃあ、私も少しは自分で役を作っているのかな」

嬉しそうに話す咲妃さんだが、卒業後も実力派と言われる俳優の言葉とは思えず、つられて笑ってしまった。

そうやって、華やかな舞台の裏側に自分自身を隠すようにして、咲妃さんはがむしゃらに宝塚の舞台に立ち続けた。

「宝塚にいた時、私は、両親にも親族にも安心して欲しかった。宝塚に入るのに猛反対した祖母に『これでよかったんだ』って思って欲しかった。応援してくれるみんなに、後悔して欲しくなかった……」

だから彼女にとっては、トップ娘役がゴールではなかったのだ。

「両親は、私がトップ娘役になれば安心してくれるわけじゃない。だからトップ娘役になっても、私は走り続けるしかありませんでした」

宝塚には一生懸命な人しかいない

トップコンビに決定したすぐ後、誰もいないお稽古場で、早霧さんと咲妃さんは2人だけで言葉を交わしたことがあった。早霧さんは、「私の後ろから前を見るのではなく、横に並んで前を見て欲しい。同じ景色を、同じ視野で見よう」と咲妃さんに語りかけたという。その言葉を胸に、3年半、夢中で駆け抜けた咲妃さんは、「実際は、後ろからついていく私を早霧さんが幾度となく助けてくださる、その繰り返しだった」と振り返る。

「私は、早霧さんの相手役をさせていただけたことが誇りです。私の人生の中で数少ない、誇れることの、ひとつ」

早霧さんと共に宝塚を卒業することが発表されてから、「宝塚歌劇団に感謝している」と、咲妃さんが何度も口にするのを聞いた。その言葉には、「トップ娘役として」などという立場上の発言を超える真実味が込められていた。

「一番の感謝は、両親が喜ぶ瞬間をたくさん作ってくれたこと。次に、応援してくれる方々と出会えたこと。諦めないことを学んだし、大切な仲間と出会えたし……感謝することばっかりです」

400名を超える生徒がいる宝塚歌劇団で、「咲妃みゆ」の居場所をもらえた。「自分は必要とされている」と感じられた日々は、彼女の人生でたとえようもなく幸せな時間だったという。

そして、自分の意見を伝えることが苦手だった咲妃さんが、雪組へ来てからは少しずつ、他者とのコミュニケーションを怖れなくなっていた。気持ちを打ち明けられる仲間との出会いが、彼女を変えていったのだ。

「宝塚には、一生懸命じゃない人がいないんです。少しの浮き沈みはあっても、いつも全力で頑張る人たち。そんな人たちと一緒に8年間もお仕事させていただけたことに、感謝が尽きません」

そして宝塚から巣立った今、自らがいた劇団が多くの人に愛され続けていることに勇気をもらえるとも語った。

「だから前向きな意味で、『宝塚には、もう帰らないぞ！』って思って、頑張り続けたい」

宝塚を恋しがって涙したりするもんか。その気持ちは、大好きな宝塚へ捧げる、咲妃さんの最大級の感謝なのだ。


2017年、「幕末太陽傳」「Dramatic“S”!」の千秋楽、咲妃さんは宝塚を卒業した。

宝塚音楽学校に入学した時から、きっと彼女は、自分自身でいるよりも誰かを「演じていた」時間の方が長かったに違いない。生き急ぐように宝塚を駆け抜けた娘役であり、役者であった。彼女の演技を心に焼き付けた多くの人々が、宝塚を巣立つその姿を見送った。

目指すは「面白い俳優」

宝塚を卒業後、咲妃さんは俳優として活動を始めた。テレビドラマ、映画に加え、「ゴースト」や「NINE」、「千と千尋の神隠し」など大作ミュージカルや舞台への出演が続いている。

作品作りは出演者とスタッフの方々との試行錯誤がつきもので、当初の演出プランが大幅に変更されることも多々あった。卒業してすぐの頃は、宝塚とは違うやり方に不安や戸惑いがあったものの、初日の幕が開いて舞台を楽しんでくれる大勢の観客を見た時に、「はじめの計画通り完璧にできなくても、それは失敗ではない」と理解できたという。

「だから、今のモットーは『何とかなる』。数年前の私なら考えられないことですよ」

宝塚にいた時は、自分自身を含む誰もが「こういう娘役さんが見たい」と思う人物になろうと、努力していた。その時は自然にそう振る舞っていたから、「服装や声の出し方を変えている」という意識はなかった。

「宝塚は楽しくて幸せで、素晴らしい時間を過ごせました。でも、ありのままの自分でいることは、私には難しかったですね」

非日常の世界が守られているからこそ、宝塚の舞台は夢のように美しいのだと、咲妃さんは語る。

「私はそこで生き切ったから、もう二度と、タカラジェンヌは出来ない」

卒業した今では「等身大の咲妃みゆが見たい」と望まれていると感じるので、自然体でいることが増えた。宝塚を卒業して5年が経ち、自分がどんな人間なのか解明している最中だという。

「今は、思うまま生きたいです。会いたい人に会って、行きたい場所に行って、見たいものを見たい」

人によっては当たり前に感じるかもしれないことだが、宝塚在団中は自由に言動を選ぶことがどれだけ難しかったかが分かる言葉だ。それは、「卒業してから、舞台で呼吸が出来るようになった」という言葉からも感じられる。

「それだけ、宝塚って『隙がない世界』なんですよ。それが、宝塚の美しさ。在団中の私はその隙のない世界を追求しようとしたし、したかったんです」

咲妃さんは、これからどんな人生を歩みたいと思っているのだろうか。

「これからも、役者を続けたい。そう思っています」

無邪気な少女から気高い女性まで様々な役を演じてきた彼女だが、好きな役柄は、「母親役」だという。子どものいる役に扮すると、不思議なほど熱い母性がこみ上げてくる。血が繋がっていないのに子ども役の役者さんが愛おしく思えて、自分でもびっくりするそうだ。

「私自身が、母からいっぱい愛情を注いでもらったことが、影響しているんだと思います」

そう言って、彼女は柔らかな笑顔を見せた。

「この役がやりたい」「主演をやりたい」など具体的な望みはないが、母という役柄にはこれからも挑戦していきたいと語った。


咲妃さんが目指すのは、「面白い！」と思われる俳優だ。お稽古場でも舞台でも全力で演技をして、失敗する姿を曝け出しても「この役者、また観たい」と思ってもらえるようになりたい。そのためにはこれから年齢を重ねても、「元トップ娘役」という肩書があっても気遣い無用で、欠点を指摘してもらえる人間にならなくてはと思っている。

宝塚の娘役らしさを追求した反面、咲妃さんの台詞の言い回しや演技には、宝塚歌劇団独特の雰囲気は感じられない。実際に、宝塚在団中も現在も、「宝塚っぽくないね」と言われることが多いという。その理由を、彼女特有の頑固さゆえ、宝塚に染まりつつも生来の気質を失わなかったからだろうと自己分析している。

彼女が下級生時代にその頑固さをずばっと指摘されたように、宝塚では、舞台を良くするために厳しいダメ出しをされるのは日常茶飯事だった。だが、卒業してからは指摘やダメ出しをされる機会が減ってきているので、今こそさらに様々な言葉を真摯に受け止める強い覚悟を持っている。

「俳優というお仕事は私の表現したいことであり、切実なことを言うと、自分自身を養うために必要なんです。精神的にも、現実的にも……」

そんなの、夢がなさ過ぎるかな⁉と、咲妃さんは心配そうな表情で微笑んだ。

言葉にできない「答え」

咲妃みゆさんにとって、宝塚とは何ですか？

この質問に、彼女は黙って考え込んだ。たっぷり1分以上、熟考した後、静かに目線を上げて言った。

「ああー……この答えにこんなに迷うとは思ってなかったです。思いつく言葉はあるけど、それだけでは言い切れない」

全速力で走り続けた在団中の日々が過ぎて、今はより冷静に宝塚歌劇を見つめられる。

「宝塚が大好きだけど、でも、『第二の故郷です』って簡単に言えない気持ちもあります。なんでだろう」

最後の質問の、答え。それは言葉にできない、咲妃さんの宝塚人生そのものだった。彼女が真実「宝塚を振り返る」ことができるのは、もっと先なのかもしれない。生きる力の全てを注いで心を燃やした日々は、5年の歳月で消化できる重量ではないのだろう。それでも、宝塚を巣立ってから歩んできた毎日は咲妃さんの内面を深く広く充実させ、宝塚への感謝と情熱を再確認させてくれている。

「離れれば離れるほど、思いが募る場所だなあ。宝塚……」

そう呟いた咲妃さんは、突然、あ！と、声を上げた。

「今、実感しました。私は、宝塚を卒業したんだって」

おわりに　強く、脆く……

最後の舞台を降りた次の日から、宝塚の生徒は「元タカラジェンヌ」となる。名前と姿形が変わらなくても、タカラジェンヌだった彼女はもうどこにもいない。

「宝塚を卒業することは、一度、死ぬことだと思う」

かつて私にそう語ったのは、元雪組トップスター、水夏希《みずなつき》さんだった。宝塚の、男役の美学を追求し、隙のない舞台姿と情熱的な演技で人気を博した方だった。男役として17年間、ご自身を厳しく鍛えてきた水さんは、たとえ卒業後に同じ芸名で活動したとしても「退団するということは、宝塚の男役・水夏希の死なのだ」という思いを抱いたのだろう。その言葉を聴いた当時、まだ下級生だった私は、「いつか私も、そう感じられるタカラジェンヌになれるだろうか」と畏怖に近い憧れを募らせた。

宝塚のトップスターという経歴を持ちながらも、日々、芸事のレッスンに励む水さんは、現在も精力的に舞台に立ち続けていらっしゃる。ストレートプレイからダンスコンサートまで演じこなす俳優、「水夏希」さんとして。

‖おわりに‖

新潮社のWebマガジン「考える人」の連載のために、9人の元タカラジェンヌの方々に取材をさせていただいた。その中には同じ舞台に立っていた方、言葉を交わしたことのある方、初めてお話する方もいた。取材の前には、その方が在団中に演じた役を振り返り、経歴や人物像からお聴きしたいことを思い描いた。すべての取材を終えた今、事前の準備や「こういったお話が聴けるだろう」という私の予測がいかに浅かったか、たっぷりと思い知らされている。

9人の方々のお話は、予想を遥かに超える密度で心に迫ってきた。宝塚に懸けた思い、忘れがたい役、人との出会いを語る言葉が、宝塚を離れたその人自身のあり方を浮かび上がらせた。やがて、よく知っているはずの方々が、かつてのタカラジェンヌとして、また今を生きる女性として、新たな姿で立ち上がってきた。

「長く在団した」とか、「スターになった」ということを重要視した方はいなかった。もちろん、長い年月をかけたからこその学びや、スターという立場でしか経験しえないこともあり、そういう貴重なお話も伺った。でも、全身全霊で宝塚の舞台に立った日々は、在団年数や立場にかかわらず充実していたと感じられた。

そして、たとえ初めて話す方とでも、取材は必ずと言って良いほど脱線した。組での宴会のこと、厳しかった上級生のこと、個性豊かな演出家やスタッフの方々のこと……そんな話題になればもう笑いが止まらない。組も学年も異なる方々とも瞬時に気持ちを共有できるという、宝塚で出会った人々と語り合う楽しさを実感した。

9人の物語の中に、「完全無欠のサクセスストーリー」はひとつもなかった。順風満帆に見える経歴を持ち、華やかな舞台姿が観客の記憶にある方々でも、いつも悩み苦しみ、自らのあり方を厳しく問いながら舞台に立っていた。

難関の試験を必死で突破して、憧れを抱いて飛び込んできた少女たちに、宝塚の世界は現実を突き付ける。どんなに努力しても報われないことや、自分自身の限界を痛感すること、そして理不尽な思いを味わうこと。宝塚の舞台に立つという夢が叶わなかった人からすれば贅沢な悩みかもしれないが、夢の向こう側にたどり着いた人にしか分からない苦しみもある。そうした辛い記憶は、楽しかった思い出と同じくらい、あるいはそれ以上にたくさんあるはずだ。

だから私は、取材を始める前、「宝塚を礼讃するだけの記事にはならないだろう」と思っていた。でも、その予想は裏切られることとなった。彼女たちの悔しさや悲しみは、ライバル本人、宝塚そのものに向かうことはなかった。「自分の力不足を認め、仲間と一緒に向上心を高め合う」「弱かった自分の心身を鍛える」「過去の失敗について考え、その経験から学ぶ」……取材をした9人の方々は、壁にぶつかるたびに自分自身と向き合い、より成長する道を選び取っていた。そうして歩んだ宝塚での日々について語る姿を見ていると、次第にその舞台姿がぴたりと重なるように思い浮かんだ。

「嘘のない人生を歩みたい」と語った方は、技巧に頼らないまっすぐな演技をされていた。「踊りを愛し抜く」と笑顔を浮かべた方は、朗らかに、切実に舞っていた。昔、「良い舞台人になるためには、己の内面を磨くしかない」と言われたことがある。舞台化粧をしてにこやかに、練習通りに台詞を喋っても、観客の前に立てばその人本来の姿が曝け出されてしまうからだ。

なんて恐ろしい、そして終わりのない仕事だろう。10代後半からそんな厳しい世界で過ごすタカラジェンヌは、重圧や苦悩を跳ね除ける強靭な肉体と魂を培っていく。それと同時に、言葉にした途端に消えてしまいそうな儚さを、彼女たちの中に感じることがある。強さと脆さのバランスはとても両極端であったり、ご本人も気付いていないほどかすかだったりもするが、その差異は、えも言われぬ魅力になって舞台で香り立っていたように思う。


取材の最後に、9人の方々へ同じ質問を投げかけた。

「あなたにとって、宝塚とは何ですか」

言ってみればありきたりであるその問いに返ってきたのは、まったくありきたりではない9つの答えだった。単に「色々な言葉があった」ということだけではない。それぞれが選んだのは、その人のみが語れる唯一無二の言葉だった。そしてこの質問と答えは、そのまま私の心に返ってきた。

「私にとって、宝塚とは何だろう」

それは、「私はこの9人のように、宝塚で生き切ることができたのか」というのと、同じ問いかけだった。青春と呼ばれる時間と、持てる力の全てを注ぐことができる宝塚にいた間、その日々を真に全力で生き切ることが出来なければ、人生の次の段階――セカンドキャリアを積むことなど不可能だろうと思った。

「ここから先は、私の余生だ」。そう思って宝塚を卒業してから、まもなく3年が経つ。宝塚の世界に集中していた視点を変えて、多くの事柄を知るところから始めなくてはと思い、「分からないこと」に意識を向ける日々だった。

宝塚の卒業によって私の周りの環境が変わった頃、新型コロナウイルスの影響を受けて社会も大きく変化していた。これまでとは違う価値観に触れることも多くなり、変わり続ける世界に必死でついていくうちに、自分自身を見つめ直す機会をたくさん与えてもらえた。こんなふうに心が熱くなる日々を「余生」だと思っていたなんて、それこそが、卒業した当時の私の無知を表しているではないか。そして、心細かった私の「余生」を支えてくれたのは他ならぬ、9人の方々が語った言葉だった。

取材するたびに、「このような考え方、生き方があるのか」と目から鱗が落ちる思いだったほど、9人の歩みはそれぞれ異なっていた。今、すべての取材を振り返ると、その中でもある共通点を見つけることができる。皆さんが「大切なもの」として、自らの功績や華々しい思い出よりも心を込めて語ったのは、宝塚で出会った人との繋がりだった。

信頼し、時にぶつかり合って切磋琢磨した仲間。舞台を通して携わった方々。応援してくれた人たち。宝塚を卒業して、舞台から遠く離れても、一度結ばれた人との繋がりは失われることはない。また、本音で対話できる人たちと同じ方向を目指して走った経験は、これから宝塚とは違う場所で生きていく中でも、必ず活かされるだろう。

私は、輝かしいスターでも、個性と実力のある役者でもなかった。「元タカラジェンヌです」と誇らしく言える人間ではない私だが、尊敬する多くの人との出会いに恵まれたことには自信を持っている。

宝塚で出会った人たちといつまでも心を通わせられるよう、自らを鍛えて感性を磨き続けていたい。どんな仕事をしようと、どこで暮らそうと、それが私の夢みるセカンドキャリアだ。

早霧せいなさん。仙名彩世さん。香綾しずるさん。鳳真由さん。風馬翔さん。美城れんさん。中原由貴さん。夢乃聖夏さん。咲妃みゆさん。あなたの他に誰も見たことのない景色を、1日1日積み重ねた大切な思いを、その言葉によって知ることができました。深く、感謝しております。

この9篇の物語が、今日を生きる誰かの、そして明日へ立ち向かう誰かの力となりますように。

初出　Webマガジン「考える人」2021年3月～22年10月
単行本化にあたり、加筆修正をしました。
経歴などは掲載当時のものです。

すみれの花《はな》、また咲《さ》く頃《ころ》
　タカラジェンヌのセカンドキャリア

発　行　2023年2月25日

著　者　早花《さはな》まこ
発行者　佐藤隆信
発行所　株式会社新潮社
〒162-8711　東京都新宿区矢来町71
電話　編集部　03-3266-5611
　　　読者係　03-3266-5111
https://www.shinchosha.co.jp

装　幀　新潮社装幀室
組　版　新潮社デジタル編集支援室
印刷所　株式会社光邦
製本所　大口製本印刷株式会社

ISBN978-4-10-354921-5 C0095